Mes amis les sauvages

Notes et observations d'un colon de Perak

(péninsule malaise)

Giovanni Battista Cerruti

(Traducteur : I. Stone Sanpietro)

Writat

Cette édition parue en 2024

ISBN : 9789359944746

Publié par
Writat
email : info@writat.com

Contenu

CHAPITRE I.

Malacca et ses contrastes— Dévoreurs d'âme et dévoreurs de corps— La réalisation d'un rêve de poète— Tentations— Un appel de la forêt— Auri sacra fames— Bagage — Adieu à la civilisation.

Depuis le golfe du Bengale et le golfe de Siam, la péninsule malaise, autrefois connue sous le nom de Chersonèse dorée, se jette dans l'océan Indien comme un bras tendu pour réunir à nouveau dans son étreinte les innombrables îles qui ceinturent ses côtes et qui ont probablement été été séparée du continent par la force combinée du Temps et de la Mer.

Dans ces îles environnantes, les unes grandes comme des continents, les autres étroites comme des récifs, sur lesquelles la civilisation passe en rafales de cupidité, se cachent les contrastes les plus étranges, car tandis qu'autour du rivage des loups humains, déguisés en hommes civilisés, dévorent les âmes, ou (avec dans le respect de la loi) usurpent et volent les biens et les produits de leur prochain (le plus habile et le plus respecté étant celui qui dissimule le mieux sa rapacité ou qui sait substituer une astuce sans scrupules à l'activité industrielle) non loin vers le centre de ces Sur des terres dispersées, d'autres hommes, dans une ignorance primitive de la loi, dévorent la chair et la peau de leurs voisins ou volent leurs corps vivants pour servir d'esclaves.

Mais de si curieux contrastes ne sont finalement pas si frappants quand on considère que dévorer les âmes et dévorer la chair sont tous deux des instincts naturels de l'Homme !

Autour de la côte de la Péninsule se trouvent de nombreuses villes florissantes où l'on trouve tous les logements modernes et modernes. Ces stations balnéaires abritent une population cosmopolite composée de touristes, d'hommes d'affaires, de nababs et d'aventuriers. Là, la vie continue dans la corruption raffinée de la société à la mode, au milieu des sports et des divertissements, des scandales et des intrigues, chaque race et chaque langue apportant sa part de bien et de mal. Une foule hétéroclite envahit leurs rues, offrant à l'œil du spectateur le spectacle pittoresque que produit toujours le contraste des costumes. Ce sont des gens de couleurs, de vêtements et d'éducation différents, attirés là par l'aimant de la richesse. Les chanceux, les intelligents, les sans scrupules ont déjà remporté la victoire dans les luttes de la vie et se déplacent désormais dans des automobiles des types les plus récents ; les autres les regardent, les envient probablement et travaillent d'autant plus dur pour s'enrichir eux-mêmes. Vont-ils réussir ? Le chemin, ici, est court mais ne peut être parcouru avec succès que par ceux qui possèdent une énergie saine et une confiance aveugle en leur propre cerveau et en leurs propres muscles. Il ne faut cependant pas croire que l'automobile soit l'apanage, dans ces régions, des Européens et des Chinois opulents, car elle est aussi un puissant auxiliaire pour ceux qui s'efforcent de faire fortune grâce à la spéculation agricole et minière dans le pays. régions les plus sauvages de la péninsule.

Mais tandis qu'à proximité de la mer les habitants et les voyageurs peuvent profiter de tout le luxe et des commodités du XXe siècle, à l'intérieur de la péninsule, menant une vie nomade au milieu de la jungle qui couvre la chaîne de montagnes du nord au sud, un peuple primitif existe toujours. Tous inconscients des passions violentes et des émotions turbulentes qui troublent la tranquillité de leurs semblables (civilisés dans la forme sinon dans les faits) à quelques kilomètres d'eux, ils vivent tranquillement et paisiblement dans leurs demeures forestières en préservant intactes leur simplicité et leur ingénuité originelles. .

Le souffle chaud de notre vie fatigante, qui engendre toutes sortes de troubles nerveux, n'a pas encore atteint leurs repaires de montagnes. Sur ces hauteurs sauvages, les nerfs reposent ; les affections ne sont pas tourmentées ; l'amour est pur et, pour cela, durable ; l'ambition ne pervertit pas l'esprit, ni ne consume la conscience ; il n'y a pas d'honneurs ni de faveurs qui suscitent l'envie ; pas de frontières artificielles à la liberté ni de problèmes difficiles concernant le capital et le travail ; il n'y a ni riches ni pauvres, car dans ce lieu béni l'argent est une chose inconnue et qui plus est, étrange triomphe du sauvage sur le civilisé, chacun est frère de l'autre !

Là-haut, dans la forêt, il n'y a ni princes ni sujets ; Gouvernements ni police ; pas de collecteurs d'impôts, de réunions publiques ou de grèves, de sorte que si Stecchetti [1] vivait encore, il aurait pu être envoyé chez les Sakais pour trouver le lieu idéal dont il cherchait toujours l'adresse.

Le 15 juin 1891, je débarquai à Penang (l'île du Prince de Galles) au retour d'un voyage d'exploration dans l'île de Nias. Je me sentais un peu épuisé par les fatigues subies récemment, alors résolu à me reposer quelque temps sur le territoire britannique.

J'avais apporté avec moi une collection ethnographique riche et intéressante que je n'ai eu aucune difficulté à vendre au gouvernement de Perak qui la destinait au musée de Taiping, petite ville où se trouve la résidence britannique .

Pendant mon repos bien mérité, j'ai souvent entendu parler des Mai Darats, tribu d'Aborigènes habitant l'intérieur de la péninsule et que les Malais appelaient du nom de Sakais, appellation méprisante qui signifie *un peuple d'esclaves* , et ce terme insultant s'explique par le fait qu'autrefois leurs voisins se livraient à un vaste commerce d'esclaves en faisant d'eux des victimes et profitaient également de leur simplicité et de leur bonne foi de bien d'autres manières, jusqu'à ce que le protectorat britannique soit établi et que ces pauvres tribus errantes soient mis sur un pied d'égalité avec des races plus civilisées.

J'ai commencé à rassembler des informations sur ces hommes sauvages de la brousse et j'ai appris qu'ils habitaient les régions peu fréquentées des États de Perak et Pahang, qu'ils étaient une race nomade et qu'ils passaient la plupart de leur temps à extraire et à préparer des légumes et des fruits. poisons animaux dans lesquels ils étaient exceptionnellement experts et qu'ils étaient également habiles à tirer des flèches empoisonnées. Certains de mes informateurs voulaient me faire croire qu'ils étaient extrêmement féroces par nature et si superstitieux qu'ils pointaient leur dard mortel sur tout étranger qui s'aventurerait à les approcher, croyant qu'il était le messager d'un mauvais esprit et qu'ensuite ils le feraient. de lui un repas délicat pour réconforter leurs estomacs insatiables.

Mais connaissant quelque peu les relations antérieures entre les Sakais et les gens qui les entouraient, j'étais mis en garde contre certains rapports exagérés et préjugés et me sentais fortement tenté d'essayer de dissiper le vague mystère - dont je devinais d'une manière ou d'une autre qu'il était fondé sur l'intérêt personnel... dans lequel ils voulaient envelopper les Mai Darats.

Plus ils m'en parlaient, plus je me sentais attiré vers les Sakais, il me semblait qu'un peuple si étranger à toutes les lumières de la civilisation, aussi audacieux qu'on le décrivait, si libre de tout régime et de toute autorité, devait avoir besoin de offrir une étude intéressante à celui qui cherchait à les connaître de près. Peut-être, une fois surmontée la difficulté, pas toujours surmontable, de rentrer en leur compagnie, pourrais-je trouver parmi eux une vie tranquille et m'installer parmi eux comme planteur ou agriculteur, car j'étais déjà convaincu que je n'étais pas apte au commerce. des entreprises dans lesquelles bien souvent les scrupules de conscience et d'honnêteté sont un fardeau.

Mon bref séjour dans une société civilisée m'a fait aspirer à la liberté et à la paix qui, peut-être, m'y attendaient ; J'avais envie de connaître intimement ces gens qui, me disais-je, devaient être exempts de corruption tant ils étaient détestés par ceux qui vivaient au milieu d'elle et qui étaient entourés de tant de mystère.

Il y avait, je dois l'avouer, une autre raison qui m'a poussé à me diriger vers les camps de Sakai. Je ne sais comment le germe s'est implanté, mais dans mon cerveau grandissait toujours la conviction qu'au cœur de la Péninsule, déjà avérée riche en métaux, on pourrait découvrir un filon d'or.

auri sacra fames virgilien s'est emparée de moi peu à peu, a dissipé tous les doutes qui subsistaient, a vaincu toutes mes hésitations et a levé tous les obstacles.

Cet élan, allié au désir d'aventures nouvelles, d'émotions profondes, d'une vie bien différente en tous points de celle que je passais alors dans une sphère d'esclavage élégant, imposé par des conventionnalismes ridicules, m'a décidé et j'ai fait mes bagages.

Imaginez : un solide morceau de toile goudronnée à [10] transformé en lit de camp au moyen de quatre chevilles de bois ; un chapeau, quatre chemises et quelques sous-gilets en laine, quelques pantalons et chaussettes, des chaussures de toile très légères et une ou deux vestes kaki comme celles utilisées par les soldats en Afrique.

Je n'ai cependant pas oublié qu'il était très possible d'attraper une maladie et comme dans ces régions une maladie suivie de la mort peut être considérée comme un suicide involontaire mais jamais comme un homicide car... il n'y a pas de médecins pour vous guérir, je je me munis également d'un petit stock de pastilles purgatives, de quinine, de quelques préparations antiseptiques et d'un bistouri.

Ainsi, m'étant promptement arrangé pour mon nouveau voyage et m'étant muni de tous les éléments qui me seraient utiles dans les circonstances, j'y ajoutai une grande quantité de tabac et de perles colorées, deux choses qui exercent un grand pouvoir sur les sauvages, et j'enchéris sur adieu à toutes les délicatesses culinaires adaptées aux digestions faibles, et tournant le dos à tout confort domestique, je me mis en route vers l'Inconnu.

Un groupe de Mai Darats, appelés « Sakais ».

Notes de bas de page :

[1] Poète italien qui a écrit de nombreux vers humoristiques.—Note du traducteur.

CHAPITRE II

Mon escorte — En bateau à vapeur jusqu'à Telok Anson — L' autre rive du Perak — En direction de la forêt — Premières nouvelles — Saignée dans le marais — Volé et abandonné — Vengeance en — L' instigation du Malais — La fidélité de mon petit Sam Sam — Des réflexions philosophiques sous un lourd poids .

Le bon lecteur qui parcourra ces pauvres pages de notes et de souvenirs, habitué à entendre parler d'expéditions organisées pour pénétrer dans des terres inhospitalières ou dans des régions entourées de toutes les terreurs de l'inconnu, croira peut-être que je plaisantais en donnant l'inventaire de mes bagages dans le dernier chapitre et que par pure vantardise je n'ai pas mentionné le soutien de quelque Société Géographique ou Commerciale et ni les tonnes de marchandises qui suivraient dans mon sillage, ni les nombreux wagons et bataillons armés qui devaient escorter moi.

Non, rien de tout cela, car, à vrai dire, j'ai toujours trouvé que ces etceteras faisaient plus de mal que de bien à l'équipement d'un explorateur, et c'est pour cette raison que, même dans mes voyages les plus pénibles, je partais toujours, pour ainsi dire, seul, ne me confiant qu'à mes propres forces. Et laissez-moi vous expliquer pourquoi.

Dès le début de mes pérégrinations dans des pays peuplés de sauvages, à quelques-uns desquels on attribue les instincts les plus sanguinaires, je me suis rassuré par une conclusion logique que l'expérience m'a montré tout à fait juste.

Si la férocité des bêtes sauvages, me disais-je, n'est rien d'autre qu'un paroxysme de peur, pourquoi devrions-nous considérer la férocité des sauvages causée par d'autres motifs ? L'homme, si sauvage que soit son état, a été doté d'intelligence, bien que dans certains cas cette faculté intellectuelle soit possédée au plus petit degré possible. Faisons-lui alors comprendre qu'il n'a rien à craindre de nous et peu à peu, si notre patience ne faiblit pas, il deviendra plus doux et deviendra un ami au lieu d'un ennemi.

C'est pourquoi, aujourd'hui comme autrefois, j'évite soigneusement les préparatifs de guerre, les mascarades de brigands ou toute escorte d'apparence prédominante ou menaçante. J'avance comme un simple voyageur, le visage souriant et les gestes amicaux, laissant mon fusil (indispensable pour se défendre contre les attaques des bêtes sauvages) en bandoulière.

Le premier accueil, je l'avoue, est loin d'être cordial, et on risque toujours de tomber dans un piège adroitement tendu au gros gibier et aux étrangers ou d'être habilement frappé par un dard empoisonné, mais une fois la rencontre obtenue sans aucun problème, des conséquences graves s'accumulent, il n'est pas aussi difficile qu'on pourrait le croire de faire suivre cela d'un pourparler, car l' individu redouté (et craintif) est abasourdi devant le double événement extraordinaire : soit ne pas vous avoir tué, soit ne pas avoir été tué lui-même. , selon la loi de réciprocité qui pour lui est inviolable.

Sous l'impression de ce fait très étrange, il n'opposera pas de résistance à une entente pacifique et ensuite, pour assurer son amitié, il lui suffira d'une rapide intuition des superstitions, des croyances et des susceptibilités de la pauvre créature et d'un esprit de précaution pour ne pas offenser sa vanité puérile. ou de provoquer de quelque manière que ce soit la jalousie ou la méfiance.

Lorsqu'il sera persuadé que la présence de son hôte indésirable ne lui apporte aucun mal, il vous accordera toute sa confiance et vous acceptera spontanément comme un protecteur bienveillant et puissant.

Les périls, je l'accorde, sont nombreux et grands, mais les plus grands encore sont ceux qui guettent un voyageur armé. Le sauvage peut être terrifié et maîtrisé par les massacres par lesquels la civilisation affirme sa supériorité tyrannique, mais le venin de la haine est entré dans son âme et il médite et prépare une embuscade qui, tôt ou tard, à coup sûr, lui procurera sa vengeance.

L'usage de la force brutale (qui pour moi est une erreur politique) porte un énorme préjudice à l'étude des coutumes, des croyances et des particularités psychologiques des personnes avec lesquelles nous sommes en contact, car elles se retireront de toute enquête ou enquête. , soit refusera de répondre, soit vous mentira, ce qui explique les rapports contradictoires que différents voyageurs donnent sur la même tribu ou la même race.

Ceci, cher lecteur, est ma modeste conviction car, de par leur manière de procéder, elle est aussi celle des Anglais, qui sont maîtres dans tout ce qui concerne la colonisation.

Mes bagages étant prêts, il ne me restait plus qu'à trouver quelques porteurs qui me seraient utiles, sinon comme guides au pays des Sakais, du moins comme interprètes entre moi et ses habitants.

Penang est peuplée principalement de Malais mais de nombreuses autres races y sont représentées, notamment chinoises et indiennes. Sans trop de peine, je réussis à retenir les services de cinq porteurs : un Malais, un Indien, un Chinois, un Siamois et un Sam-Sam, un sacré garçon. Ensemble, ils formaient une petite Babel dont je me félicitais qu'elle serait d'une grande aide pour faire des ouvertures auprès des Sakais.

Tous mes disciples, à l'exception du Sam-Sam, avaient des visages qui auraient orné la potence et je suis sûr que Lombroso [2] les aurait classés sans hésitation parmi les criminels-nés. Mais leurs visages menaçants ne m'inquiétaient pas car il est bien connu que le plus vil des méchants devient timide et servile lorsqu'il est confronté à un danger inattendu, et j'étais bien conscient que la peur des tigres, des serpents, des pièges et des flèches empoisonnées, les mille mystères de la Mort que la forêt merveilleuse enferme au milieu de ses arbres innombrables, dans la confusion de ses épaisses lianes entrelacées et sous ses mousses molles et ses herbes hautes, aurait transformé ces individus laids et à l'âme tordue en agneaux dociles. Je savais qu'une fois entrés dans un pays qu'ils ne connaissaient pas, ils ne m'abandonneraient pas, car l'Oriental a confiance en l'Européen et suivra où celui-ci le mène, lui attribuant de rares qualités de courage et d'énergie ainsi qu'un merveilleuse capacité à surmonter les obstacles et à se sortir de situations difficiles.

Nous avons quitté Penang sur un bateau à vapeur et après avoir remonté la rivière Perak pendant environ 60 milles, nous avons atteint la petite ville de Telok Anson où nous avons débarqué.

Il était trop tôt le matin lorsque nous sommes arrivés pour que je puisse me présenter à l'autorité britannique et comme les autorités locales n'ont pas gêné le moins du monde mon libre passage ni ne m'ont soumis à aucune sorte d'interrogatoire inquisitorial (qui, dans d'autres cas, colonies et autres protectorats que j'avais été obligé de subir), je donnai l'ordre de partir immédiatement, car j'avais hâte de commencer notre marche le plus tôt possible.

Après avoir divisé notre chargement de provisions en parts égales, nous traversâmes le Perak sur un ponton et avec un « *slamat gialat* » (agréable voyage) de la part de l'homme à bord, nous nous retrouvâmes sur les rives où devaient commencer mes aventures.

J'étais là alors, le visage tourné vers une terre nouvelle, et un frémissement d'émotion joyeuse m'envahissait. Quelles surprises m'étaient réservées là-haut sur les montagnes boisées vers lesquelles nous nous dirigions ? Quelles choses, quelles habitudes me seraient révélées une fois mon objectif atteint ?

Je laissais derrière moi une compagnie civilisée. Je m'isolais de la société instruite mais je n'étais pas perturbé à la pensée des difficultés, des souffrances, des dangers qui m'attendaient. De vagues et agréables espérances me souriaient du futur. De quelle nature étaient-ils ? Je ne pourrais pas dire.

"Avant!" Je me suis dit à moi-même et à mes transporteurs. Et la marche commença.

La première journée s'est très bien passée, malgré la chaleur intense, et il ne s'est rien passé de digne de mention. Il faisait nuit et nous avions déjà parcouru une vingtaine de kilomètres lorsque nous arrivâmes en vue d'une cabane érigée au milieu de cocotiers et de bananiers. Nous découvrîmes bientôt qu'elle était occupée par un Malais, avec sa femme et ses enfants, venus là pour cultiver le riz.

Ma demande d'hospitalité, jusqu'au matin, fut reçue avec une méfiance évidente, mais l'espoir de cadeaux convoités finit par avoir raison de la superstition islamique dans l'âme du Malais, et un coin couvert de son humble demeure m'a été accordé. et mes hommes.

Pendant la nuit, j'ai essayé de faire parler le Malais des Sakais mais je n'ai pas pu lui poser de questions directes car cela aurait été grave si mes compagnons en venaient à soupçonner que notre chemin à travers la forêt était entièrement nouveau pour moi et que je Je ne savais pas où finirait notre voyage.

J'ai cependant réussi à découvrir que tout récemment, des Sakais s'étaient aventurés jusque-là pour échanger *du rotin* (canne de Malacca) et du caoutchouc contre du tabac et du riz. Ils étaient alors partis, mais les Malais ne savaient pas d'où ils venaient ni où ils étaient allés. Il croyait qu'ils ne pouvaient pas être très loin, car quelques jours auparavant, il avait distinctement entendu leurs sifflets d'appel.

Pour diverses raisons, je me suis senti obligé de douter de la véracité de ce que l'homme racontait, la moindre n'étant pas son désir mal déguisé de se débarrasser de notre compagnie le plus tôt possible.

Au point du jour, nous repartîmes en suivant un sentier presque vierge qui nous conduisit à travers des marais miasmatiques grouillant d'insectes. Nos pauvres jambes furent attaquées par une parfaite armée de sangsues et soumises à une hémorragie des plus inopportunes et des plus indésirables. De temps en temps, nous étions obligés de nous arrêter et de nous libérer de leur emprise tenace. Ils semblaient préférer le sang européen au sang asiatique et me faisaient souffrir plus que mon escorte, peut-être parce que ma peau étant plus tendre, ils pouvaient mieux réussir dans leur intention sanguinaire, mais bien que ma chair me brûlât et que mes forces faiblissent, il était nécessaire de rester joyeux et de faire semblant. , de temps en temps, pour reconnaître où nous nous trouvons, comme si j'étais passé par le même chemin d'autres fois. J'assurai même à mes cinq compagnons que lorsque nous atteindrions les Sakais, il n'y aurait plus de difficultés, et je les encourageai donc à aller plus vite.

J'espérais que plus nous pénétrions loin dans les vastes étendues sauvages qui nous entouraient, plus je pourrais compter sur la fidélité de mes porteurs, car ils devraient se fier à ma prétendue connaissance du pays dans lequel nous entrions et seraient donc moins susceptibles de battre en retraite. . Cependant, au fur et à mesure que nous avancions, j'ouvrais la voie. Je ne le savais pas moi-même, je ne pouvais m'empêcher de remarquer qu'ils accordaient une attention particulière à chaque point caractéristique que nous traversions, coupant des entailles dans les arbres avec leur *parang*, ou couteau, après que nous ayons pataugé dans un ruisseau ou pris un virage brusque dans notre route. , mais mon esprit était trop occupé des devoirs de mon pilotage auto-assumé pour que j'attache quelque importance à ce fait.

Le temps a été beau toute la journée, ce qui nous a permis de faire un long chemin avant la tombée de la nuit. N'ayant trouvé aucun refuge, nous fûmes obligés de nous en improviser un et au bout d'une heure environ nous nous reposions de nos fatigues pendant que le petit Sam-Sam nous servait du riz bouilli, du poisson séché et de certains poivrons qui auraient fait du poivre de Cayenne. le poivre semble être du sucre en comparaison ! N'ayant rien de mieux à manger, je dus moi aussi prendre ma part du repas frugal.

Le sommeil nous envahit bientôt tous, mais j'étais quelque peu inquiet, car certaines demandes étranges que mes compagnons me faisaient me rappelaient les marques que je les avais vus faire sur les arbres un peu plus tôt, et mes soupçons s'éveillaient sans que je sache exactement comment les faire. les définir ; c'est pourquoi, sous prétexte d'écrire, j'ai décidé de veiller. Jusqu'à quatre heures du matin environ, je pus résister à la somnolence qui alourdit mes paupières mais enfin, épuisé par tant d'heures de marche, par la haute tension à laquelle mes nerfs avaient été tendus et affaiblis par le sang abondant. -en laissant entrer le marais, mon corps a triomphé de ma volonté et j'ai aussi dormi.

À l'aube, le petit oiseau sauvage, le *cèpe plót*, brisait l'air silencieux avec son *ci ti rià caractéristique et strident*. Le *cep riò*, plus petit et plus docile, lui répondit par un solfège doucement modulé d'une précision extraordinaire, et je me réveillai. En même temps, je me sentis brutalement secoué et la voix de mon petit Sam-Sam me cria à l'oreille :

"Tuan lakas bangun samoa Orang suda lari" (Réveillez-vous vite, monsieur ; les hommes se sont tous enfuis) !

Ah, alors, mes craintes n'étaient pas sans fondement et c'était Slumber qui m'avait trahi. J'ai bondi et j'ai regardé autour de moi. Il n'y avait personne à voir et rien à entendre. Je me tournai anxieusement vers notre tas de provisions et découvris aussitôt que les quatre coquins s'étaient enfuis avec un gros butin de mon riz, de mon tabac et de mes allumettes, choses qui m'étaient très précieuses à ce moment-là.

Que fallait-il faire ? Suis les? Et si nous ne les trouvions pas ? Ce serait une perte de temps ainsi que de marchandises. Il ne restait plus qu'à traiter l'incident avec philosophie, en me réconfortant dans le vague espoir de rencontrer un jour les scélérats et de leur faire payer cher leur fourberie. Cet espoir, je peux le dire entre parenthèses, n'était pas vain, car un an plus tard, je rencontrai mon coupable chinois à Telok Anson et peu de temps après, son complice malais à Penang, et à ces deux occasions j'eus la satisfaction - sans me soucier l'autorité légale d'intercéder pour ou contre moi — de leur donner une leçon d'honnêteté que j'ose garantir leur aura fait perdre l'envie de traiter les autres comme ils m'avaient traité.

J'étais heureux de constater que le garçon Sam-Sam ne m'avait pas abandonné car j'avais pris une sorte d'affection pour lui. Il me raconta que le Malais qui nous avait accordé l'hospitalité avait raconté à son compatriote les choses les plus terribles sur les Sakais, décrivant tant de périls et de traitements si féroces qui attendaient ceux qui risquaient de se retrouver parmi eux, que même un homme au courage intrépide aurait frémi. On ne m'en a rien dit, mais l'homme en avait informé les trois autres, qui comprenaient la langue malaise, et entre eux il fut rapidement décidé de s'enfuir.

Le garçon avait tout entendu mais ne m'en avait donné aucune indication, n'imaginant jamais que le méchant projet de me voler et de m'abandonner aurait été si rapidement mis à exécution.

J'ai demandé au seul compagnon qui me restait s'il était disposé à être fidèle à ses fiançailles et à moi, peu importe où nous allions et qui nous rencontrions, et il m'a exprimé sa disponibilité à m'accompagner. La réponse m'a mis de meilleure humeur et j'ai pris des dispositions pour continuer notre voyage.

Nous avons fait bouillir suffisamment de riz et grillé suffisamment de poisson pour durer deux repas, puis nous avons divisé les deux en deux parties. Nous avons chacun pris notre part et l'avons enveloppée dans quelques feuilles prêtes à être mangées lorsque nous avons fait une brève halte au bord des nombreux ruisseaux qui traversent la forêt.

Avec le reste des provisions, nous fîmes deux paquets aussi volumineux qu'il nous semblait possible de les porter, mais leur poids dépassait nos forces et nous fûmes obligés de sacrifier une grande quantité de nos victuailles que nous mettions dans un sac et laissions dans la cabane, en espérant qu'il y en aurait. il ne serait pas endommagé par la pluie, et ensuite, toujours bien chargés, nous repartîmes.

Sous les rayons brûlants du soleil et sous le poids de mon fardeau, j'avançais péniblement, philosophant pour moi-même, comme un Boetius perdu dans la jungle, pour tirer une conclusion réconfortante de cette première et désagréable aventure. Mais ma philosophie a vite pris la forme de certaines méditations et comparaisons qui n'étaient pas toutes sereines. Ma pensée s'envola vers les héros du Bar-room et du Club pour qui le Sport est synonyme de fatigue, d'audace, de développement des muscles et de sacrifice à condition... que tout exercice athlétique, si léger soit-il, soit suivi d'une douche tiède ou d'une douche. bain, massage ou repos prescrit par l'hygiéniste ou l'entraîneur. Je pensais à ces soi-disant explorateurs qui éclairent la partie civilisée du monde sur les us et coutumes de la partie non civilisée ; ces escrocs littéraires qui voyagent dans une voiture Pullman ou dans un autre véhicule, tout aussi pratique et confortable, jusqu'à un endroit sûr, à proximité du pays à explorer, pour y prendre note des vagues rapports et des « ils disent » encore plus vagues qui circulent autour les aborigènes en question, puis, avec l'aide de leur imagination fertile, transforment ces simples voix en faits saisissants, ajoutent quelques événements extraordinaires dans le style de Robinson Crusoé et de Gulliver (dans lesquels eux-mêmes jouent toujours le rôle principal) et présentent ensuite leurs intéressants écrits au public comme un volume scientifique et instructif. J'étais enclin à leur envier leur talent et à admirer l'ineffable bonté de la société qui paie les frais de ces triomphes de Humbug.

A notre approche, les Sakais s'enfuirent terrifiés de la cabane.

"Ah!" Je continuais à me plaindre, et cela me soulageait de les apostropher ainsi en leur absence, "si seulement vous étiez ici maintenant, vous messieurs aux goûts sportifs et vous, illustres explorateurs de terres merveilleuses et d'îles mystérieuses, comme j'aimerais pour voir votre vertu mise à l'épreuve : ici, dans la forêt, des profondeurs noires de laquelle une flèche empoisonnée peut à tout moment voler vers vous comme un messager de la mort ou d'où une énorme bête sauvage peut, à l'improviste, se précipiter furieusement : ici où votre vos pas peuvent être soudainement arrêtés par le surgissement d'un serpent venimeux. Qui sait quelle aide à votre fervente imagination ce serait d'entendre dans la liberté de la propre ménagerie de la nature le sifflement sinistre du serpent, le mugissement de l'éléphant, le le meuglement du *sladan* , le rugissement du tigre, le grognement du sanglier, le cri du singe et les notes maussades du cacatoès se mélangeaient en un formidable concert, l'accompagnement étant le bruissement des roseaux et des plantes grimpantes. ému plus par la vie animale que par l'air; le battement des feuilles ; le bourdonnement et le bourdonnement de myriades d'insectes : le murmure des ruisseaux : des voix et des sons qui annoncent au voyageur un danger toujours croissant".

Mais je dois m'excuser auprès de mes lecteurs pour cette digression. La jungle et ses concerts font souvent commettre le péché de philosophie, et, en péchant ainsi, je t'avais involontairement oublié.

Notes de bas de page :

[2] Un Italien célèbre pour ses études psychologiques. — Note du traducteur.

CHAPITRE III.

N'ayant pas non plus trouvé la moindre trace d'habitation humaine, le deuxième jour de notre marche, nous fûmes une fois de plus obligés de préparer du mieux que nous pouvions un abri pour la nuit. Nous fabriquâmes deux petites alcôves de branches et de feuilles, et après avoir satisfait les besoins de notre appétit, nous allumâmes un feu de chaque côté de notre campement miniature, empilâmes suffisamment de bois à portée de main pour les entretenir et nous installâmes pour dormir, ou plutôt un. L'un de nous devait dormir pendant que l'autre regardait, car nous avions convenu de nous relayer. Dans notre ignorance, nous avions calculé que nous nous retrouverions entourés d'un calme nocturne solennel dans ces régions reculées ; une tranquillité aussi calme que celle dont on jouit pendant la nuit dans les bois alpins et apennins. Mais nous nous rendîmes bientôt compte de notre erreur, car les singes, effrayés par l'éclat des incendies, soulevèrent un brouhaha de protestations, leurs cris aigus et leurs voix bavardes allant jusqu'aux notes les plus aiguës. Sautant jusqu'aux branches les plus hautes des arbres, ils ont commencé à déverser sur nous des brindilles cassées, des feuilles, des noix et d'autres fruits. Ils semblaient tenir une réunion au-dessus de leurs têtes, au cours de laquelle chacun — et ils étaient une multitude — essayait de baragouiner un discours et de se faire entendre parmi tous les autres.

Des notes plus graves et plus menaçantes ne tardèrent pas à compléter le chœur infernal. De la forêt dense et sombre sortaient les rugissements à glacer le sang des tigres, des panthères et des ours, mêlés aux beuglements bruyants et à la lourde bousculade des éléphants ; on y entendait distinctement le craquement des branches jetées à terre dans leur course furieuse, et le fracas des bambous, qui sont chez eux une nourriture favorite. On aurait dit qu'une immense légion de démons avait envahi la forêt, car dans son obscurité intense, impénétrable, faiblement éclairée pendant un mètre ou deux par la flamme de nos feux, tout semblait devenir vie. Chaque créature, chaque roseau, chaque feuille avait sa propre voix ; un hurlement, un bruissement, un soupir qui remplissait l'air nocturne de sons diaboliques. C'était un affreux pandémonium ; un puissant conflit entre victime et vainqueur ; une soif insatiable de sang ; une manifestation féroce d'un amour féroce.

"Feu ! Feu ! mettons de l'essence !" et nous avons jeté bûche après bûche sur les tas en feu tandis que des milliers d'étincelles volaient vers le haut et que les flammes vives jetaient une lueur rouge autour.

Mais la grande voix de la forêt ne cessa pas ; il parlait encore dans les rugissements et les mugissements des forts et dans les cris et les gémissements des faibles. Il s'est dressé contre nous, comme s'il prononçait une malédiction contre les intrus, contre les profanateurs de ces mystères que, au plus profond de la jungle, la grande Mère Nature célèbre pendant la nuit.

Pendant des heures, nous restâmes là, dans un état qu'il m'est inutile même d'essayer de décrire, puis, à mesure que le jour approchait, la clameur effrayante commença peu à peu à s'éteindre. De toute évidence, dès les premières lueurs de l'aube, les bêtes sauvages étaient retournées dans leurs tanières. Les singes finissaient les derniers comme ils avaient commencé les premiers, mais qu'étaient leurs bavardages et leurs bavardages comparés à ce chœur terrible que, les veines glacées et le cerveau paralysé, nous avions été obligés d'écouter toute la nuit ?

Il ne m'est jamais arrivé de saluer un ami avec autant de ferveur que le soleil de ce matin-là. A son apparition, un nouveau concert commença, mais maintenant c'était avec l'harmonie agréable du bourdonnement et du bourdonnement des insectes, mêlé au chant gai des oiseaux.

Cela nous réanima et nous commençâmes à étirer nos pauvres membres qui, outre qu'ils étaient raidis et engourdis par les horreurs de la nuit précédente et par l'épaisse rosée qui s'était abattue sur nous, avaient été aussi une proie inconsciente de sangsues et de moustiques.

Les comparaisons sont odieuses. Accordé. Mais entre un tigre et une sangsue, une panthère et un moustique, malgré leur affinité dans le goût du sang humain, croyez-moi, il y a une grande différence, et c'est peut-être pour cette raison que nous n'avions pas remarqué auparavant l'assaut que font ces derniers. petit carnivore sur notre chair consternée.

Quelques bouchées précipitées et nous repartions en vagabondage. Notre nuit blanche et les émotions fortes qui nous avaient tenus éveillés nous ont rendus fatigués et apathiques, mais la simple idée d'être exposés aux mêmes tourments et à la même peur une autre fois nous a donné le courage et la force d'aller aussi loin que possible. la recherche d'un refuge nocturne, plus à l'abri des habitants à quatre pattes du pays, avant le coucher du soleil, aurait dû les attirer hors de leurs antres.

Fatigués et machinalement, nous avancions péniblement, scrutant anxieusement devant nous une ouverture dans le feuillage épais et les arbres serrés, ou quelque autre signe de vie humaine.

Il devait être environ trois heures de l'après-midi - car ma montre s'était arrêtée - et il commençait à pleuvoir, lorsque nous aperçumes, à peu de distance de nous, l'éternel crépuscule de la forêt sauvage, dispersé par la pleine lumière du soleil. jour.

Nos esprits se ranimèrent à cette vue, car il s'agissait selon toute probabilité d'une vaste clairière pour l'érection de cabanes et, par conséquent, la présence d'êtres semblables, si sauvages soient-ils.

Nous avançons avec empressement et débouchons bientôt dans un grand espace ouvert, fermé par des troncs d'arbres énormes abattus et planté de maïs indien, d'ignames et de patates douces.

Au milieu se trouvaient deux cabanes faites de fortes branches et de feuilles gigantesques de plantes et d'arbres abattus. Nous avons à peine pu apercevoir quelques hommes étendus sur le sol, tandis que des femmes s'affairaient à cuisiner des singes , des serpents et des rats colossaux, et que plusieurs hommes plus jeunes préparaient des flèches empoisonnées.

Nous embrassâmes toute la scène d'un rapide coup d'œil car, en un instant, les chiens se mirent à aboyer et leurs maîtres furent mis en état d'alarme. Nous nous sommes arrêtés, et ils nous ont vu, *m'ont vu* , un homme blanc, et pleins d'effroi, ils se sont levés d'un bond. Comme l'éclair, ils rassemblèrent leurs provisions, les femmes jetèrent les enfants sur leurs épaules et ils disparurent tous, par-dessus la solide clôture qu'ils avaient élevée autour de leur demeure, avec l'agilité et la rapidité d'une troupe de singes.

Je pense vraiment que si la tête de la Méduse, au lieu de transformer en pierre ceux qui la regardaient, leur avait donné des ailes pour s'échapper, ils n'auraient pas pu s'envoler plus vite que ces pauvres sauvages à ma vue.

J'eus seulement le temps de constater qu'ils étaient tout à fait nus et que leur peau était d'une teinte légèrement brunâtre, mais cela me satisfit pour le moment car je savais que j'étais enfin entré en contact avec les May Darats à la recherche desquels j'avais s'y est aventuré.

Mais j'étais tellement épuisé à tous points de vue que j'avais même perdu le pouvoir de penser à eux ou à quoi que ce soit d'autre.

Moi et mon fidèle disciple sommes entrés dans les huttes abandonnées où nous avons trouvé des pommes de terre chaudes (qui ont été rapidement dévorées) et un curieux instrument à cordes qui avait été abandonné dans la fuite précipitée.

Ayant pris les précautions d'usage pour la nuit, trop fatigués pour nous soucier des dangers qui pourraient nous menacer, dangers qui pourraient s'avérer pires que ceux que nous avions éprouvés la nuit précédente (car nous savions à quoi nous attendre des ennemis quadrupèdes, mais ignoraient comment nos ennemis bipèdes traiteraient notre présence dans leur domaine), inconscient et insouciant de tout, étourdi par le besoin de repos, je me suis jeté sur le sol rugueux et je me suis endormi lourdement.

Vers deux heures du matin (à ce que nous puissions en juger) mon Sam-Sam, qui veillait, me réveilla. C'était à son tour de dormir. Rien ne s'était encore produit qui pût exciter la suspicion ou l'inquiétude, et cela me faisait espérer que nous ne recevrions pas d'hostilité sérieuse de la part des aborigènes.

En plongeant mon regard dans l'obscurité de la forêt, je discernai que des feux étaient allumés non loin de là, signe certain que les Sakais étaient toujours près de nous. Était-ce un bon ou un mauvais présage ? Day apporterait sans aucun doute la réponse. Et le jour arriva bientôt, accueilli avec joie par toute la Création, à l'exception des hommes et des bêtes dont les actes se prêtent mieux à l'obscurité.

Je préparais une bonne tasse de thé fort pour me rafraîchir l'estomac et me remonter le moral (car les événements récents les avaient grandement déprimés) quand quelque chose siffla légèrement au-dessus de mon oreille et glissa au-dessus de ma tête.

J'ai sursauté violemment et, en ôtant mon chapeau, j'ai découvert qu'il y avait deux petits trous, un de chaque côté. A quelques pas de moi gisait une flèche qui venait de tomber là, après avoir perforé mon couvre-chef et touché doucement mes fines mèches. C'était une évasion d'un cheveu, dans le vrai sens du dicton, car le missile pointu tiré sur moi depuis la sarbacane infaillible de Sakai avait d'abord été soigneusement empoisonné.

Ce « bonjour » inattendu et peu amical me rappela à l'amère réalité de ma situation et me prévint de ne pas tarder à m'entendre immédiatement avec eux.

La prudence m'a interdit de me présenter au milieu d'eux, car la couleur de ma peau, quoique bien hâlée, m'aurait attiré une mort certaine. J'étais convaincu que, dans leur superstition primitive, ils m'auraient pris pour un mauvais esprit et qu'en tant que tel, ils m'auraient rapidement envoyé dans un autre monde. La seule chose à faire était d'envoyer ici mon intelligent Sam-Sam qui se laissa volontiers charger de tabac, de perles colorées, *de sirih* et d'allumettes, puis sortit pour conclure une trêve.

Il reçut une audience sans aucune difficulté, ce qui était peut-être dû à la similitude de sa race avec la leur, mais plus probablement aux cadeaux qu'il emportait avec lui.

Mon ambassadeur fut interrogé avec empressement et curiosité au sujet de l' *orang putei* (homme blanc), et il leur dit que j'étais venu chargé de cadeaux et plein de bonne volonté à leur égard. Mais les Sakais n'ont pas entendu parler de mon approche de leur nouveau campement et ont fait savoir qu'ils m'offriraient bientôt une visite.

Et ils ont tenu leur promesse sans perdre de temps à faire la toilette ou à enfiler un tailleur. Ils étaient trois, deux jeunes vaillants et un homme entre quarante et cinquante ans, tous armés de leurs *sumpitans* (sarbacanes).

Par la langue malaise et l'universel des gestes, je leur ai expliqué que je ne leur voulais aucun mal, qu'au contraire j'avais envie de les aider de toutes les manières possibles et que j'aimerais vivre parmi eux s'ils me le permettaient, car je voulais initier des plantations de leur côté.

Ils répondirent en essayant d'abord de me dissuader de m'installer chez eux, puis suggérèrent qu'il valait mieux que j'aille dans un petit village à peu de distance, où ils proposèrent de m'accompagner.

Je les remerciai et acceptai l'offre, leur indiquant, en guise de récompense, où nous avions laissé notre sac de provisions. J'appris ensuite qu'ils avaient réussi à le retrouver.

Je me sentais si content d'avoir fait le premier pas, qui est toujours le plus difficile, que malgré l'état d'épuisement complet dans lequel je me savais être, je repris mon voyage le cœur léger, escorté par les trois Sakais et mes Sam Sam. Mais arrivé à un certain point, il m'était impossible de continuer.

Outre la raideur de mes articulations, ma chair picotait et saignait à cause des morsures et des piqûres de nombreux insectes. Pour prouver mes souffrances à mes compagnons, je leur montrai mes membres livides et je vis une expression de pitié passer sur leurs visages. Cela me paraissait de bon augure pour celui qui rejoignait leur tribu.

Nous nous arrêtâmes et les Sakais construisirent rapidement les huttes, allumèrent les feux et mangèrent ensuite du riz avec nous. Nous nous sommes ensuite couchés pour nous reposer pour la nuit, mais si le sommeil a fermé nos yeux, je pense que la méfiance les a ouverts et aucun de nous n'a finalement apprécié beaucoup de sommeil.

Tôt le lendemain matin, nous continuâmes notre route et atteignîmes le groupe de cabanes digne du nom de village. Ici, la même chose s'est produite que la veille. Malgré ma présence en compagnie de trois des leurs, ce qui, je pensais, les aurait rassurés, à mon apparition, les cabanes furent rapidement désertes au milieu de cris de terreur.

Mes trois guides réussirent cependant à entrer en communication avec leurs frères et, au bout d'un moment, les conduisirent vers moi sans qu'ils opposent aucune résistance.

J'obtins leur consentement pour me laisser m'installer près d'eux à condition de ne pas chercher à entrer dans leurs cabanes. La raison de cette interdiction, je l'appris plus tard. C'était une prescription de l'Alà, une sorte de sorcier, qui croyait ou faisait croire que ma présence aurait un effet néfaste sur une mère malade et son nouveau-né.

Les Sakais, stimulés par mes cadeaux, me bâtirent une cabane solide et assez confortable près d'un ruisseau et non loin d'eux, et je m'y installai aussitôt.

Le premier jour de notre connaissance, il m'est arrivé que je les ai accidentellement appelés Sakais. Ils changèrent de visage et certains d'entre eux protestèrent avec colère :

"Vous n'êtes pas bons, parce que vous nous insultez et nous traitez de mauvais noms ! ".

C'était un lapsus dangereux et je m'empressai de faire ma paix en expliquant que j'avais entendu le terme utilisé par les autres mais que je savais qu'il s'agissait en réalité de May Darats dont la gentillesse et la douceur avaient souvent été abusées par leurs voisins, et à l'avenir, je voulais les empêcher d'être trompés et trompés par leurs anciens agresseurs.

Cette déclaration a calmé leur ressentiment et j'ai pu commencer une vie tranquille et tranquille parmi ces êtres simples et sincères, une vie si calme et si tranquille que je n'ai jamais eu à regretter, ni alors ni aujourd'hui, la société civilisée dont j'avais volontairement quitté Je me suis retiré, persuadé que si mon caractère et mes habitudes me rendaient incapable de faire les transactions douteuses et pas toujours simples du monde commercial, les mêmes qualités morales qui m'empêchaient de devenir un homme d'affaires pourraient trouver un bon terrain pour porter du fruit dans les cœurs purs et l'esprit d'un peuple primitif, qui ne connaissait ni la fraude, ni l'hypocrisie.

CHAPITRE IV.

Nouveaux amis — Or — Un fonctionnaire anglais — L' achat de mon futur trésor — La simplicité administrative — L'Angleterre enseigne ! — Le "sla pui" — Amère déception — Le Sam -Sam — Le poison du sauvage et le venin du civilisé.

Ma force et ma santé, qui avaient souffert à la suite de ces quelques jours de tension musculaire et nerveuse, revinrent bientôt à leur état normal dans cette retraite paisible sur les berges herbeuses du ruisseau qui est un affluent du Bidor.

Mon amitié avec les Sakais grandissait chaque jour car peu à peu leurs soupçons à mon égard s'apaisaient et la curiosité avec laquelle ils observaient chacun de mes actes ne se mêlait plus de peur. Ils n'ont pas tenté de s'enfuir lorsque je me suis dirigé vers leurs habitations rudimentaires malgré le veto des Alà à mon passage dans leur village et il n'était pas rare que mes cadeaux de tabac et de *sirih* soient échangés contre des faisans et autres gibiers. et parfois même avec un poulet. Il m'était facile de parler avec les hommes et j'appréciais ces conversations comme un moyen d'étudier leurs caractères et d'apprendre leur langue, composée de mots courts et fortement accentués. Il était très rare que je puisse trouver une quelconque dérivée de la langue malaise dans ces syllabes laconiques.

En même temps que je cherchais à me familiariser avec mes nouveaux amis, je n'oubliais pas l'un des principaux motifs qui m'avaient poussé à m'éloigner si loin des repaires des hommes ordinaires, alors un jour je cassai une noix de coco en deux. et, après l'avoir bien nettoyé, je plongeai la coquille dans le lit du ruisseau et l'en retirai pleine d'eau et de sable.

J'en ai examiné le contenu avec beaucoup de soin et j'ai trouvé quelques grains d'or dans les alluvions ! C'était vraiment une joie, et mentalement j'ai dit au revoir à la vie de planteur (même si je ne l'avais pas encore commencée) et j'ai décidé sur place de consacrer mon temps et mon énergie à la collecte de l'or qui serait de loin le moyen le plus rapide de gagner de l'or. faire fortune.

Mais tout à coup, une pensée désagréable me traversa l'esprit et assombrit mes brillants espoirs.

Lors de mes discussions avec les Sakais, ils m'avaient dit qu'il y avait un autre *orang putei* à Tapah. J'ai essayé de découvrir qui était cet homme et ce qu'il faisait dans la petite ville malaise, mais je n'ai pu obtenir aucun renseignement sur lui.

Or l'idée s'est imposée que cet homme blanc ne pouvait être autre qu'un officier du gouvernement britannique à qui, par sentiment de délicatesse, de respect de la loi et pour éviter des ennuis futurs, je devais expliquer ce que je souhaitais. faire avant de me mettre au travail, car sa permission serait nécessaire à l'exécution de mon désir.

Ma malheureuse expérience auprès des autres autorités coloniales ne m'inspirait que très peu de confiance dans celle des Anglais et rien ne me paraissait plus probable que de me retrouver expulsé des États protégés au lieu de voir ma requête accordée.

Mais d'un autre côté, il serait très téméraire de commencer sérieusement des travaux sans autorisation légale, aussi un jour, accompagné de quelques Sakais aux confins de la forêt, je me rendis à Tapah.

Je ne pouvais m'empêcher de me demander quelle sorte de fonctionnaire bourru et bureaucratique je devrais trouver pour me priver de ma fortune. Qui savait comment mon entreprise italienne serait jugée sur un territoire protégé par HBM ?

Mais, reprenant mon courage, je fus introduit en présence d'un jeune monsieur aux manières agréables qui me reçut avec beaucoup de politesse.

Il avait déjà été informé qu'un homme blanc se trouvait parmi les Sakais et il avait été très surpris, ne comprenant pas quels attraits on pouvait trouver au milieu d'un peuple aussi ignorant et sauvage. Il s'est félicité de l'occasion de me rencontrer et de me connaître, a été heureux d'apprendre que j'étais italien et a fini par formuler cette demande stéréotypée :

« Que puis-je avoir le plaisir de faire pour vous ? ».

Encouragé par sa bonté, mais non sans une petite inquiétude secrète, je lui dis franchement ce que je me proposais de faire et lui racontai tous les détails.

M. Wise (car tel était son nom) écoutait tout attentivement, exprimant de temps en temps un mot de sympathie ou d'approbation et finalement, pour la somme de quelques dollars, me rendait propriétaire du terrain sur lequel j'avais fixé mon esprit.

C'est ainsi qu'en l'espace d'une heure, sans avoir à surmonter aucun obstacle, et à un prix presque ridicule, je devins le légitime possesseur d'un terrain qui cachait peut-être un trésor en son sein.

Comme je n'étais jamais allé à Tapah, je profitai du temps que me restaient mes affaires pour le visiter un peu et me faire une opinion sur les expédients utilisés dans un pays oriental semi-désertique, brûlé par le soleil, peuplé de différentes tribus. , infesté d'insectes venimeux et de terribles microbes, sans parler d'une flopée de bêtes sauvages !

Tapah est une petite ville moderne, composée uniquement de villas et de jardins. Il s'élève blanc et coquettement au pied de collines verdoyantes et son panorama souriant, bien que sans le magnifique fond de la mer, rappelait à mes yeux la douce vision de ma Varazze natale, l'un des plus beaux joyaux qui ornent la Riviera Ponente.

C'est le chef-lieu d'un district comptant 30 000 habitants dont environ un millier de races et nationalités diverses. Elle comporte deux grandes rues bordées de boutiques où Malais, Indiens et Chinois proposent à la vente un stock varié et hétérogène de marchandises.

Il est divisé au milieu par la grande rivière Batang Padang qui se jette ensuite dans le Bidor, également.

Comme capitale du district, elle possède un bureau de poste, une très grande salle où deux commis indiens exercent leurs fonctions sous la direction d'un maître de poste anglais qui doit également surveiller les succursales du circuit.

Mon attention fut attirée par un édifice sans prétention devant lequel étaient assis quelques soldats malais et indiens. Je leur demandais de quel bâtiment il s'agissait lorsqu'un Anglais est sorti et m'a dit poliment que c'était le commissariat principal dont il était l'inspecteur.

Au cours d'une conversation ultérieure, j'appris que le service de police était tout ce qu'on pouvait désirer ainsi que celui de toutes les autres fonctions publiques et que les indigènes et les Indiens étaient partout employés sous la direction de chefs anglais. Le nombre de commis, comme dans les autres colonies britanniques, était fonction de la stricte nécessité ; aucun poste supplémentaire n'a jamais été créé pour des intérêts politiques ou personnels, mais lorsqu'une assistance était nécessaire, il n'y a jamais eu de difficulté à sélectionner des candidats locaux, pour autant qu'ils aient une connaissance suffisante de la langue officielle.

J'ai donc découvert que Tapah, chef-lieu du district, est sous la direction d'un Anglais, qu'on appelle District Officer, et qui remplit toutes les fonctions administratives et magistrales.

Pas beaucoup de temps perdu ici dans les labyrinthes de la Bureaucratie ! Et pourtant, j'ai entendu dire que tant l'officier de district que l'inspecteur de police, qui sont sous le contrôle de l'autorité résidant à Taiping, capitale de Perak mais qui jouissent en réalité d'une liberté d'action presque totale, trouvent le temps non seulement de s'acquitter de toutes les diverses tâches. de leur bureau mais aussi pour se divertir en jouant un peu de football et de cricket. On dit que parfois les serviteurs sont également appelés à participer à ces sports nationaux et à rivaliser librement pendant une heure avec leurs maîtres dans l'art du coup de pied et du bâton, retournant sérieux et respectueux à leur place à la fin de la partie.

Pendant que je passais agréablement le temps, causant avec l'un et l'autre, j'aperçus approcher une petite fête qui était l'objet d'un grand respect de la part des passants.

C'était M. Wise, l'officier de district, qui m'avait reçu si poliment quelques heures auparavant.

Il revenait d'une enquête faite pour définir la limite d'un terrain appartenant à deux Malais. Sans revêtir aucune sorte d'uniforme ni d'insigne, ce délégué britannique avait su conserver toute la solennité et la dignité de forme dues à la circonstance, vertu particulière aux Anglais qui sont toujours et partout les plus rigoureux observateurs de l'étiquette sociale et officielle.

M. Wise m'a aimablement invité à le suivre au Club où il me gardait en conservation amicale, répondant à toutes les questions que je ne pouvais m'empêcher de lui poser dans mon désir de mieux connaître la colonie et son mode de gouvernement.

Aujourd'hui, M. Wise n'est plus, mais son pays a perdu en lui un fonctionnaire modèle d'intelligence, de sollicitude et de droiture.

Il est mort au moment même où son avenir semblait le plus sourire ; alors que ses plus belles espérances allaient être couronnées par le mariage avec la demoiselle de son choix.

Permettez-moi, à travers ces pages, de rendre à sa mémoire un hommage modeste et affectueux d'admiration et d'amitié déférente.

Ce jour-là, après avoir fait la paix avec les autorités, je retournai la conscience tranquille au coin tranquille que j'avais trouvé dans la vaste forêt ; à ce coin domestique qui m'est réservé dans le grand et merveilleux salon de Dame Nature ; à cette demeure grossière si éloignée de la généralité des humains, mais si proche des rois et des princes du règne animal, communément appelés **bêtes** sauvages .

Un jeune Sakai avec son inséparable sarbacane.

Tenant fermement le reçu qui m'avait soudain rendu propriétaire d'une éventuelle mine d'or, je construisais tour à tour des châteaux en l'air et méditais sur la simplicité de l'administration anglaise qui, en quelques instants, m'avait concédé une vaste zone de terre avec faire ce que je voulais, sans avoir besoin de mettre en branle la machinerie complexe de la bureaucratie ; sans formulaires juridiques estampillés, sans enquêtes et sans rapports coûteux ; la présentation de l'acte de naissance et de celle de la citoyenneté britannique ; sans fouiller dans le passé et le futur, dans l'état et la position de sa famille, etc.

Et parce que tout ce qui arrive à l'étranger rappelle la patrie (une habitude naturelle que ni la distance ni le temps ne peuvent changer), j'ai pensé à mon pays natal et à l'organisation compliquée de ses nombreux services bureaucratiques qui encombrent trop souvent les entreprises italiennes les plus audacieuses et soulèvent une barrière infranchissable devant le génie créateur et inventif qui l'oblige à chercher ailleurs sa fortune.

De tout mon cœur, j'aspirais à ce que l'Italie puisse bientôt être libérée de ces travaux qui entravent la libre expansion de ses forces jeunes et vigoureuses.

Une chose m'avait particulièrement frappé lors de mes rapports avec M. Wise. Le fait que je sois Italien n'a pas empêché que ma demande soit accueillie favorablement. Cela m'a surpris, car sous d'autres gouvernements j'avais vu que les étrangers étaient considérés comme tout sauf nécessaires à la colonie et après s'être opposée, plus ou moins ouvertement, à l'initiative de l'intrus, l'Autorité saisit le moindre prétexte, qui s'offrait sous un aspect décent, de renvoyer le nouveau venu par-delà la frontière, de peur que sa digestion ne souffre de sa présence.

L'Angleterre, au contraire, ne recherche ni ne se soucie de l'origine de ceux qui apportent de l'énergie ou toute autre qualité utile à ses colonies. Dans ses domaines, elle ne vise qu'à atteindre le plus haut point de prospérité, elle ne désire que l'accumulation de richesses, et quiconque promet de bien servir ses intérêts devient un collaborateur apprécié, qu'il soit italien, allemand, portugais ou turc.

L'Angleterre ne repousse jamais le talent ou l'aptitude à cause d'un préjugé absurde du chauvinisme. Considérant la longueur et l'étendue de ses possessions, elle peut très bien dire que le monde est son tributaire, il n'est donc pas étonnant qu'elle profite des mains et des cerveaux de tous ceux qui savent bien les utiliser, au lieu de se limiter exclusivement aux mérites. de ceux qui sont nés sur le sol britannique.

C'est dans cette manière large de voir et de traiter les choses, qui prouve la conscience tranquille et parfaite que la nation anglaise a de sa propre force, que réside, je crois, le secret de sa réussite coloniale.

La satire bien connue selon laquelle il est impossible de trouver au monde un rocher ou une bande de terre, aussi arides ou stériles soient-ils, sans propriétaire, pour la simple raison qu'un Anglais est toujours prompt à y déployer et à y hisser l'Union Jack. , est en réalité l'hommage le plus élevé et le plus juste qui puisse être rendu à l'esprit d'entreprise qui caractérise ce peuple. Là où d'autres ne voient que du sable et des récifs qui ne valent pas la peine d'être cultivés, l'Anglais découvre quelque germe productif qui, avec son énergie infatigable, produit mille fois plus. Le travail colonial, l'activité industrielle et l'épargne commerciale ne sont pas non plus perturbés par des sophismes bureaucratiques ou des prétentions fiscales immodérées, qui étouffent si souvent les entreprises les plus prometteuses et les plus audacieuses ailleurs.

Le succès colonial dépend très souvent de la capacité de son corps administratif à diriger toutes les forces disponibles vers cette seule fin :

l'augmentation de sa richesse. La bureaucratie est un cancer qui paralyse toute vie et tout mouvement qui se trouve à la portée de ses tentacules.

La vieille Angleterre l'a compris depuis longtemps, puisque, de l'île autrefois stérile et stérile, elle a déployé ses ailes et s'est envolée à la conquête des marchés du monde.

Quand certaines autres nations comprendront-elles que l'antiquité et la gloire passée, au lieu d'offrir le fruit précieux de l'expérience, leur ont apporté une décrépitude paralysée ?

Quand comprendras-tu cela, mon Italie, élevée comme tu l'es à la troisième maturité de ta civilisation et de ta gloire ?

Je me mis aussitôt, de bonne volonté, à l'extraction de l'or, et engageai les services de quelques coolies malais et chinois, assez experts, pour m'aider dans mon travail.

La méthode que nous avons suivie était très primitive. Nous avons rempli des bols ronds en bois avec de l'eau et du sable, puis en remuant doucement la masse, les particules d'étain et d'or se sont séparées du sable et sont allées au fond. Ce dépôt soigneusement recueilli était passé dans d'autres bols remplis d'eau, dans lesquels nous jetions une feuille bien pilée de *sla più* .

Le suc de ces feuilles possède une propriété chimique que je ne peux expliquer mais il remonte à la surface le sable encore collé aux métaux, les laissant bien purs.

Mais le tentateur jaune n'était pas du tout prodigue en ses faveurs et le métal doré arrivait en très petites quantités. Je n'ai cependant pas perdu courage et j'ai persévéré longtemps sans que la chance ne change. J'ai même essayé de retracer le lit aurifère d'où les eaux du ruisseau transportaient les métaux. J'ai fait d'innombrables tentatives pour le retrouver, mais en vain, et le jour est venu où j'ai été contraint de m'avouer que l'exploitation alluviale était pour moi un échec.

Après tous mes espoirs et mes rêves, c'était un aveu mélancolique à faire, mais il était évident que je devais me tourner dans une autre direction si je voulais fortune, alors j'ai réglé mon compte avec les ouvriers et je les ai renvoyés.

A leur départ, mon Sam-Sam, devenu entre-temps un jeune homme robuste, me pria de le laisser rentrer chez lui, me disant qu'il y avait un jeune Sakai disposé à prendre sa place à mon service. Bien que désolé de perdre le fidèle compagnon de ce voyage inoubliable à travers la forêt, je ne pouvais pas refuser sa demande et le laisser faire ce qu'il voulait.

Ce fut avec un réel plaisir que je le retrouvai quelques années plus tard lors d'un voyage à l'intérieur de Kedah et lui aussi manifesta une grande joie lors de cette rencontre.

Il m'a dit que ce qu'il avait gagné auprès de moi avait été un moyen de faire fortune, car avec cela il avait acheté un terrain et quelques bœufs, et maintenant il subvenait à ses besoins, à ceux de sa femme et de ses deux enfants, grâce aux travaux agricoles.

Comme je l'ai dit, l'or était très rare. Après le départ des coolies, j'ai essayé de persuader les Sakais de prendre leur poste, ce qui aurait permis d'économiser des dépenses pour le rassembler, mais tous mes efforts ont été inutiles car ces gens ne comprennent pas et ne comprendront pas ce que signifie le travail, ni le plaisir qu'il procure, au-delà. celui de préparer des poisons.

Le poison est le principal sujet de conversation avec eux et leur seul vantardise est la découverte de mélanges nouveaux ou plus mortels. Les enfants écoutent ces discours avec un vif intérêt et prêtent une attention anxieuse aux expériences faites par leurs aînés dans cette chimie primitive, et ainsi la passion se propage de père en fils et se poursuivra ainsi jusqu'à ce que le souffle de la civilisation atteigne ce lieu lointain et ces hommes bons et simples apprennent que, dans la lutte pour la vie, les hommes civilisés n'utilisent plus des poisons qui tuent le corps, mais des poisons bien plus terribles et sans antidote, comme l'envie, la calomnie, la haine. et le luxe, qui détruisent l'esprit et l'âme.

Ce sont ces éléments venimeux que mes amis de la forêt ne connaissent pas encore, ces pauvres sauvages qui extraient leurs poisons de l' *ipok* [3] et autres arbres pour se défendre contre les bêtes sauvages et leur procurer de la nourriture dans leur demeure sauvage.

Notes de bas de page :

[3] L' *ipok* , connu dans la science sous le nom javenais d' *upas* , est un arbre qui fournit un poison très funeste comme expliqué dans le chapitre sur les poisons.

CHAPITRE V.

La Grande Terre Mère — Une rencontre dangereuse— Une statue vivante— Ici ou là ? un viol — Une noble tâche— Vers la montagne— Tirage sur le tigre— Les Sakais en ville— Bonbons alliés— Goûts musicaux — Hourra pour la forêt libre !

Ma manie de l'or était passagère. Mon esprit fut très vite libéré de son emprise et je me tournai avec empressement vers l'étude d'une entreprise plus pratique et plus satisfaisante.

Au cours de cette brève période d'incertitude, j'étais en quelque sorte convaincu que la fortune (si tant est que la fortune m'était réservée) devrait me venir par la terre. Mais de quelle manière ?

J'accompagnais souvent les Sakais dans leurs visites au cœur de la forêt où ils avaient l'habitude d'aller chercher des poisons, et parfois j'allais même seul. Au cours de ces excursions, je me torturais le cerveau avec l'éternelle question de savoir comment démarrer une nouvelle ligne de travail et gagner de l'argent.

Un jour, la forêt elle-même a répondu à ma question déroutante !

Il y avait de vastes bois de rotin et d'autres roseaux magnifiques qu'on appelle en Angleterre canne indienne et canne de Malacca ; de la résine suintait abondamment des troncs d'arbres. Que demander de plus ?

J'ai commencé doucement à faire comprendre à mes Sakais à quel point j'aimerais rassembler ces produits et les transporter là où je pourrais les échanger contre d'autres articles dont nous n'avions pas. Il ne servait à rien de leur parler d'argent, car ils n'avaient pas la moindre idée de ce que cela signifiait.

Au début, ils répondirent brutalement qu'ils ne s'en souciaient pas du tout, car, comme je l'ai déjà dit, les Sakais, par habitude et par esprit inné d'indépendance, n'entendront jamais parler de se soumettre à un travail régulier et ordonné. Sachant cependant à qui j'avais affaire, et devinant combien il faudrait de patience pour les amener à ma façon de penser, je me mis à distribuer gratuitement et fréquemment entre eux des cadeaux, notamment du tabac, en mentionnant seulement mon souhaiter de temps en temps, comme par hasard. Et ma prodigalité a eu sa récompense.

Un jour, je les ai vus revenir de la forêt abondamment chargés des produits que je souhaitais.

C'était un bon début et a été suivi d'un approvisionnement constant. J'ai stocké le bambou et la gomme et quand j'en ai eu suffisamment, je suis allé sur la côte vendre ma marchandise en revenant bien muni de tabac, de fer, de perles colorées, d'allumettes, de sel, de riz padi et de maïs. Ces choses, je les dispensais parmi mes amis, et eux, voyant le bon résultat de leur fatigue sous forme d'objets qui excitaient leur cupidité, finirent par me tenir abondamment pourvu des marchandises en question.

La nouvelle branche de commerce que j'avais lancée exigeait beaucoup d'énergie, mais je ne laissais aucune herbe pousser sous mes pieds et j'allais fréquemment à Tapah pour ouvrir la vente de mes produits.

C'est au retour d'un de ces voyages qu'il m'est arrivé quelque chose qui mérite d'être raconté.

Il ne me restait que quelques heures de jour lorsque je quittai Tapah pour rejoindre mon habitation forestière. J'avais avec moi six bons pains et un morceau de venaison que j'avais achetés en ville et je pensais avec une vive appréciation au savoureux dîner que j'aurais ce soir-là.

Je me dépêchai le plus vite possible afin de parcourir les 2 milles de route principale et l'autre de piste boisée qui s'étendaient devant moi, avant la tombée de la nuit. Malgré les 30 milles déjà parcourus ce jour-là, mes jambes continuaient à me servir et j'avançais rapidement, la tête penchée, pleine de réflexion.

Au détour d'un chemin, je levai les yeux pour scruter le chemin. À environ 50 mètres devant moi, j'ai vu une masse sombre et confuse se déplacer lentement. Pensant rencontrer un groupe de coolies d'une mine voisine, qui allaient peut-être chercher des provisions, j'avançai encore 40 pas, puis m'arrêtai net et restai fixé sur place. La masse informe avait pris la forme de rien de moins qu'un énorme tigre !

Il n'y avait aucune crainte que mes pas ou mes gestes attirent son attention car à cette vue j'étais pétrifié, comme la femme de Lot ! Pendant cet atome de temps, qui me semblait un siècle, je ne pouvais même pas penser, mais à travers la faculté endormie de mon esprit apparut un avertissement que j'avais récemment reçu des Sakais : ne jamais faire un mouvement en présence d'un tigre, et ne le regardez jamais directement en face.

Vers les montagnes.

La première partie de cette injonction fut instinctivement obéie car je restai là, cloué au sol, absolument incapable de bouger même si une idée aussi imprudente s'était imposée. Mes sens étaient tellement paralysés par cette rencontre inattendue que je ne me rendais pas entièrement compte de ma position et n'avais qu'une vague perception que lorsque ces yeux féroces se seraient posés sur moi, la fin du monde serait venue, en ce qui me concernait.

De côté, je vis que l'énorme bête, qui reniflait le sol pour savoir quel animal était passé récemment, relevait maintenant la tête et regardait lentement autour d'elle d'un air indolent mais méfiant.

Après une vibration douloureuse, certains de mes muscles sont devenus rigides. Le monstre s'avança prudemment ; il se préparait certainement à se jeter sur moi ! Je pouvais à peine résister à l'envie de regarder vers lui. Tous mes nerfs frémissaient d'angoisse, comme dans une protestation suprême contre le massacre imminent. Je sentais déjà le souffle chaud de la terrible créature qui ouvrait grand ses gueules avides ; déjà ma chair tremblante sentait le contact fatal de ses griffes mortelles — un instant — deux... !

D'un mouvement rapide et irrépressible, mes yeux se tournèrent dans sa direction.

Le tigre traversait tranquillement le chemin et disparut dans la forêt sans même me remarquer ! Eh bien, c'était presque une offense personnelle !

Mais bien que le sang ait recommencé à circuler dans le cœur et le cerveau, et que la Vie, momentanément suspendue, ait de nouveau parcouru tout mon être, remplissant les veines et détendant les muscles et les nerfs, je ne pensais pas alors au affront qui m'était offert. par l'indifférence de l'animal, car avec le renouveau de la vie était venu un atroce spasme d'horreur et de peur.

En ces quelques secondes, un drame plein de sensations étranges, d'impressions terribles et d'effets affolants s'était déroulé en moi !

Après le premier moment de soulagement, et alors que j'étais encore en train d'étirer et de me frotter les membres, un problème sérieux s'est présenté à résoudre.

En entrant dans la forêt, le tigre avait suivi le chemin que je devais suivre moi-même. Que ferais-je de mieux ? Il m'était impossible de revenir sur mes pas, car ma fatigue antérieure s'était singulièrement accrue après ma frayeur. Il m'était également impossible de songer à m'arrêter là où j'étais. Et pénétrer dans la forêt en suivant le sillage de la créature, ne serait-ce pas aller chercher la fin effroyable à laquelle je venais de si peu échapper, grâce peut-être à l'odorat défaillant du tigre ?

Et pourtant, après avoir soigneusement réfléchi à la voie à suivre, je fus obligé de me décider en faveur de celle qui me paraissait la plus insensée des trois.

Ma cabane n'était pas très loin. Il me suffirait d'accélérer le pas, en faisant un effort suprême, pour arriver avant la nuit.

Et le tigre ? Mais n'en aurais-je pas rencontré une douzaine sur ma route depuis Tapah ? Et d'ailleurs, qui pourrait dire que celui que j'avais aperçu était réellement parti vers chez moi ? Il s'agirait en effet d'une curieuse prédilection, surtout après l'affront qui vient d'être reçu !

Ainsi, armé de ces raisonnements subtils dont je cherchais à me persuader, je quittai le lieu tragique où, selon la brève agonie de mes sentiments et la probabilité de la procédure, j'avais été mis en pièces et mangé par une bête sauvage, et J'ai continué mon voyage de retour.

Comme le moindre bruit me faisait sursauter ! Une feuille qui tombe ; un brin d'herbe déplacé par un insecte ; un serpent ou un lézard qui s'écarte de mon chemin ; le cri d'un singe ; le battement d'ailes d'un oiseau qui s'envolait vers son perchoir, tout cela me soumettait à des frissons spasmodiques.

J'avais toujours sous les yeux cette bête redoutable à la gueule béante et aux yeux cruellement brillants. Cette horrible vision redonna à mon corps une vigueur nouvelle, une souplesse extraordinaire à mes jambes et des ailes à mes pieds.

Bon lecteur, qui sait combien de fois dans ton salon ou peut-être dans celui de quelqu'un d'autre encore plus cher — *honi soit qui mal y pense !* — tu t'es retrouvé devant un tigre, un léopard ou une panthère dont tu avais la peau tachetée et luisante. avoir admiré; qui sait combien de fois vous avez joué distraitement avec sa tête, toujours aussi féroce, malgré ses yeux de verre et sa langue de drap rouge ; qui sait combien de fois vous avez joué avec ses crocs et ses griffes pendant que vous poursuiviez une pensée agréable ou enivriez votre esprit avec le ton doux d'une certaine voix !

Eh bien, avez-vous déjà essayé d'imaginer quelles émotions vous ressentiriez si, de manière tout à fait inattendue, ces yeux vitreux s'animaient ; si cette vilaine bouche s'ouvrait plus largement ; si ces crocs blancs devaient briller de vie ; si ces splendides griffes s'étendaient pour vous lacérer ; si cette magnifique peau devait à nouveau s'incorporer et se dresser vers vous ?

J'avoue la vérité quand je dis que le délicieux souper que j'avais apporté avec moi de Tapah a perdu sa saveur pour moi ce soir-là.

La nouvelle de mon commerce florissant et la nouvelle que de l'or se trouvait au fond de la petite rivière qui coulait devant mon humble demeure se répandirent bientôt hors de la région de Sakai. La conséquence fut une véritable invasion de notre paisible village.

Cette immigration a grandement alarmé les pauvres autochtones qui ne peuvent pas facilement oublier comment ils étaient autrefois traités par ceux qui n'étaient pas de leur propre race.

Ils se rappelaient encore avec terreur comment les étrangers avaient pillé leurs villages, emportant tout ce sur quoi ils pouvaient mettre la main, même leurs jeunes hommes et femmes pour servir d'esclaves et de concubines.

La majorité de ces pauvres victimes, arrachées à la liberté illimitée de la jungle, inhabituées à tout travail qui ne serait pas volontaire et fidèles à leurs traditions et à leurs superstitions, n'ont pas survécu longtemps à leur séparation d'avec leurs parents et leur tribu. Les autres, qui parvinrent à s'adapter à leurs nouvelles conditions, virent naturellement leur simplicité primitive corrompue et apprirent peu à peu les vices et les habitudes de leurs maîtres. Pour cela, ils étaient considérés par leurs frères comme des êtres inférieurs et étaient considérés avec de graves soupçons lorsque, profitant de la première occasion qui se présentait, ils s'enfuirent vers la forêt. Bien qu'en retournant auprès de leur propre peuple, ils aient renoncé à leur esclavage moral et matériel passé, ils ne pouvaient s'empêcher d'emporter avec eux une partie de la dépravation qu'ils avaient vue ou endurée pendant leur exil et qui se heurtait aux coutumes et aux sensibilités du type pur de Mai. Darats, remarquables par leur sincérité et leur intégrité.

Ainsi, peu à peu, la race originelle des Sakai diminua tandis que de nouveaux clans surgirent autour d'eux, formés de ceux qui avaient été et continuèrent d' être en contact avec des peuples relativement civilisés, qui connaissaient leur langue et leur ruse, malgré ce qu'ils faisaient. devenaient souvent leurs dupes sous couvert de bonté et de cordialité.

Le protectorat britannique fut une bénédiction pour les Sakais car il abolit officiellement l'esclavage et raccourcit les serres de leurs voisins , devenues un peu trop longues.

Mais malgré la vigilance exercée par leurs protecteurs blancs, les autres trouvèrent encore le moyen de dépréder et d'imposer leur domination sur ces créatures bonnes mais ignorantes. Au lieu de dévaster leurs maisons rudimentaires et de prendre arbitrairement possession de tout ce qui leur plaisait, ils établirent bientôt un autre système pour parvenir à leurs fins.

Ils leur fournissaient des marchandises de la plus mauvaise qualité, les facturaient aux prix les plus élevés, et comme celles-ci consistaient principalement en tabac, sel, fer, *sirih* et morceaux de calicot, elles ne duraient pas longtemps et devaient être fréquemment remplacées. Bien entendu, cette manière frauduleuse de faire du commerce faisait que les dettes du pauvre Sakais atteignaient des proportions fabuleuses et leur créancier escroc lui dictait alors les conditions qu'il préférait : l'homme devait le suivre et le servir ou s'il y avait une femme dans la famille qu'il il préférait qu'il l'enlève soit pour la garder pour lui, soit pour la vendre en privé à un autre.

Pour mieux réussir leur friponnerie, ils dépeignent l'homme blanc comme un diable incarné, jamais lassé de faire le mal, venu là pour rien d'autre que ravager leur terre et disperser ses habitants. L' *orang putei* a été décrit aux crédules Sakais comme l'ennemi le plus terrible et le plus cruel qu'on puisse imaginer.

Ainsi les véritables persécuteurs de ce peuple primitif étaient-ils considérés comme de véritables amis, tandis que le récit de périls imaginaires et fantastiques distrayait leur esprit des dangers plus pratiques de cette fausse amitié.

En leur inculquant la peur de l'homme blanc, il y avait moins de chances que les misérables individus, dont la bonne foi et les affections domestiques avaient été abusées et outragées, fassent appel à un magistrat britannique pour obtenir justice, le considérant comme un pire ennemi que l'actuel. , et si parfois une plainte était portée devant ce fonctionnaire par l'intermédiaire d'un tiers, il s'ensuivait une scène des plus pénibles.

La victime, sous l'influence du regard et de la présence de son agresseur, reconnaissait tout méfait, dette et même crime qui lui était imputé, répondant à la demande si ce que disait son accusateur était vrai, par les mots invariables et laconiques : « Ce qu'il dit que c'est vrai".

Je puis citer ici un cas dans lequel j'ai pris une part active lorsque j'étais surintendant de Sakais sous le gouvernement britannique.

Un jour, une famille de ces Sakais qui ont affaire à d'autres races, s'est précipitée sauvagement dans ma hutte en pleurant désespérément. Les parents, en sanglotant, m'apprirent qu'un Chinois, à qui ils devaient beaucoup, avait saisi et emmené leur fille.

Je me mis à la recherche du canaille et, après quelques difficultés, j'y parvins. J'ai sauvé la jeune fille et l'ai rétablie dans ses relations, puis j'ai envoyé un rapport de l'incident au magistrat. Des arguments en faveur d'un enlèvement ont été établis, et la loi anglaise ne plaisante pas sur de telles questions. Les Chinois déclarèrent que, comme ses débiteurs ne pouvaient lui payer son dû, il s'était engagé, si la jeune fille y consentait, à la prendre pour épouse ou pour servante, et ainsi annuler leur dette envers lui.

Pendant qu'il parlait, il ne quittait jamais ses accusateurs des yeux. Le père et la mère de la jeune femme furent interrogés et bien qu'ils fussent en ma présence ils répondirent, après un moment d'hésitation :

"Ce qu'il dit est vrai".

On demanda alors à la jeune fille si elle avait suivi les Chinois de son plein gré ou si on avait eu recours à la violence pour s'en emparer et elle répéta elle aussi comme un automate :

"Ce qu'il dit est vrai".

Rien n'a pu faire sortir d'autres paroles de la bouche de ces malheureux, ni l'adroit interrogatoire du magistrat, ni mes supplications pour dire toute la vérité. J'ai rappelé à leur mémoire l'état pitoyable dans lequel ils se trouvaient lorsqu'ils sont entrés en courant chez moi, en pleurant et en invoquant la justice. Tout cela fut en vain ; mais heureusement pour eux, le juriste lui-même était convaincu que le Chinois, qui restait là avec un sourire sarcastique aux lèvres, était coupable et a clôturé le procès en le condamnant à six mois de prison.

Une boîte de tir forestière.

Je me décidai à aller au fond de l'affaire ne serait-ce que pour découvrir pourquoi les Sakais, par nature si éloignés du mensonge, avaient nié la vérité.

Mes enquêtes ont prouvé que les Chinois avaient menacé de se venger en détruisant complètement toute la famille s'ils se plaignaient de sa façon de procéder, et qu'ils les avaient également terrifiés par des récits de tortures inhumaines auxquelles ils seraient soumis par le magistrat britannique s'ils le faisaient. ils ont parlé contre lui.

Les aveux sont arrivés trop tard car, s'ils avaient parlé à temps, le scélérat aurait été condamné à une peine beaucoup plus lourde.

De ce simple épisode, on peut comprendre de quelle quantité d'énergie, d'audace et de détermination les autorités anglaises ont besoin pour libérer les pauvres Sakais de la tyrannie morale qui les opprime encore. Mais le gouvernement britannique est tout à fait à la hauteur de la tâche qu'il a entreprise, et il n'y a aucune raison de douter que d'ici peu il aura réduit à l'impuissance cette lie de la société qui se glisse parmi les tribus Sakai, très éloignées de la civilisation et de la justice. , là pour élaborer leurs méchants projets et mettre en pratique leurs ruses.

J'ai écrit le mot « lie » à dessein, car bien entendu, les peuples, dans un sens collectif, ne peuvent être tenus responsables des mauvaises actions d'un petit nombre de leurs compatriotes, et je souhaite qu'il soit clairement compris ici que lorsque je parle de les actes crapuleux et les penchants voleurs de ces derniers (qui étant trop connus et méprisés chez eux, pour pouvoir réussir leurs basses magouilles, vont ailleurs chercher des victimes) je ne veux pas offenser, ni lancer un crime. léger envers les Malais, les Chinois ou les Indiens en général.

Au contraire, j'ai la plus haute estime et le plus grand respect pour tous trois, surtout pour ceux qui suivent fidèlement les voies du progrès et qui ont certaines vertus qui leur sont particulières.

Après ce rapide coup d'œil sur le passé, il n'est pas difficile de comprendre avec quelle inquiétude et avec quel malaise les Sakais voyaient leur petit établissement envahi par ceux qu'ils redoutaient.

Les nouveaux venus, cependant, ne trouvèrent plus un peuple aussi crédule et effrayé qu'ils en avaient l'habitude en d'autres occasions. Leurs histoires calomnieuses sur l'homme blanc (dont le contrôle vigilant et peu indulgent les troublait beaucoup) n'avaient que peu ou pas d'impression. Ils connaissaient désormais l'homme blanc, il était parmi eux depuis un certain temps et ils en étaient même venus à le considérer comme un bon protecteur.

Ainsi, d'un commun accord, nous laissons nos visiteurs indésirables choisir leurs emplacements et ériger leurs cabanes, leur permettant de jouir de l'extase d'une vigoureuse exploitation du humble village Sakai et de tout ce qu'ils pourraient trouver à leur portée ; puis un beau matin, à leur infini émerveillement, nous les laissons à eux-mêmes et nous dirigeons vers les hauteurs d'où coule la petite rivière Bidor. Ce brusque changement de localité ne m'a coûté aucun sacrifice sérieux, car l'endroit où nous vivions n'était pas très sain en raison de l'état souvent stagnant du cours d'eau et, outre des raisons d'hygiène, je n'étais pas tout à fait fâché d'être ainsi obligé de chercher de nouveaux quartiers car j'avais hâte de bien connaître toute la région, d'étudier ses produits et son aptitude à la colonisation, espérant finalement réussir à inciter les Sakais à abandonner leur vie nomade pour un travail honnête, dans le domaine de agriculture. En plus d'enseigner à mes bons amis la valeur et la noblesse du travail, j'aurais moi-même une occasion utile d'employer l'énergie latente.

Nous avons choisi un bel endroit dans la forêt pour notre nouveau campement, et les hommes se sont mis avec bonne volonté à abattre les magnifiques arbres et les plantes grimpantes luxuriantes dans le cercle tracé pour la clairière. Les branches épaisses entrelacées et les sous-bois touffus étaient peuplés de reptiles, et notre arrivée, avec les coups bruyants et destructeurs avec lesquels nous brisions le silence somnolent de l'air, provoqua une panique indescriptible dans ce petit centre de vie animale.

Nos cabanes furent rapidement relevées et nous pûmes bientôt reprendre nos occupations habituelles.

Quelque temps s'écoula sans que notre camp ne soit troublé par un quelconque incident lorsqu'un jour on vit un tigre s'approcher furtivement de notre clairière et attrapant un chien dans sa gueule, il s'enfuit dans la forêt, la pauvre petite bête criant pitoyablement comme elle l'était. être emporté.

Le fait était plus grave que la simple perte du chien ne l'aurait fait paraître, car si l'animal avait été contraint de commettre un acte aussi audacieux par les affres de la faim, il reviendrait très probablement, et qui pourrait dire que là serait-il toujours un chien prêt à manger ? Il est pourtant bien connu que cette redoutable créature féline ne dévore pas sa proie d'un seul coup mais laisse invariablement une partie de la chair coller à la carcasse, réservant le ramassage de ses os pour la nuit suivante. Il y aurait donc de grandes chances de nous libérer rapidement de notre féroce ennemi, si les Sakais n'avaient pas considéré le tigre avec un respect superstitieux, pour une raison que j'expliquerai plus loin, une vague croyance à la métempsycose qui a aussi pour effet de les rendre friands de leurs animaux domestiques.

J'eus toutes les peines du monde à convaincre mes ignorants compagnons qu'il fallait tuer le tigre si nous voulions rester en paix et en sécurité. Il me fallut longtemps avant de pouvoir surmonter leur réticence et leur terreur face à ma proposition.

Finalement, ils consentirent à ce que je les débarrasse de leur dangereux ami et me construisirent une petite maison sur l'un des arbres que nous considérions comme les mieux placés. Armé d'un *Martini de première classe* , j'y pris place avec deux ou trois Sakais.

Ce à quoi je m'attendais arriva : en pleine nuit, la bête revint. Nous le voyions ramper prudemment dans les hautes herbes. J'ai visé prudemment et j'ai tiré. Ce bruit aigu fut immédiatement répondu par un rugissement effrayant, et la redoutable créature, après avoir fait un formidable saut dans les airs, disparut une fois de plus dans l'obscurité de la forêt.

Les Sakais étaient impressionnés et consternés par le tonnerre et les éclairs de mon arme.

Nous entendions encore les lamentations furieuses de l'animal blessé et nous jugâmes qu'il valait mieux ne pas bouger de notre poste jusqu'au matin.

Aux premiers rayons du jour, comme les gémissements du tigre apparemment tombé n'avaient pas cessé, quelques hommes allèrent s'assurer de son refuge tandis que moi, avec mon fusil chargé, je me tenais prompt à les défendre en cas d'attaque improbable.

La bête fut bientôt retrouvée, étendue sur le gazon. Malgré sa fureur, elle était incapable de bouger car une ou deux de ses pattes avaient été brisées par mon plomb.

Je l'ai terminé avec un autre plan. Son crâne expose désormais ses beautés au Musée ethnographique de Rome.

Peu de temps après, j'ai été obligé de répéter le même sport.

Un autre tigre avait volé un chien et nous avions retrouvé son corps à moitié mangé. Sachant que le reste serait dévoré en quelques heures par la même bête de proie, nous nous fîmes un petit abri de feuilles et de branches sur un arbre voisin et restâmes là pour attendre Sa Majesté.

A la tombée de la nuit, il arriva ponctuellement et fut reçu, selon son mérite, par mon fusil. Mon tir n'a pas raté sa cible et il s'est précipité en hurlant de douleur et de rage. Toute la nuit, les échos de la forêt furent réveillés par ses cris horribles mais vers le matin nous parvînmes à le retrouver et lui aussi fut achevé par un second coup de feu.

En 1898, la sollicitude toujours croissante des Sakay m'avait permis d'accumuler une quantité considérable de canne de Malacca, de rotin, de résine et d'orchidées que j'avais décidé d'apporter à Penang pour les vendre.

Mais je voulais m'offrir le plaisir de conduire avec moi quelques-uns de mes amis sauvages, afin qu'ils voient pour la première fois une ville moderne.

Il n'a pas été facile de les convaincre de donner suite à mon désir, mais j'ai finalement persuadé cinq d'entre eux de m'accompagner comme porteurs.

Continuant toujours le long des rives du Bidor, nous descendîmes jusqu'au Perak que nous traversâmes pour faire une partie du voyage en train puis embarquâmes sur un des paquebots qui font la navette entre Telok Ansom et l'île de Penang.

Pendant le voyage, je ne remarquai rien de particulier chez mes compagnons, sinon un grand émerveillement, non dénué de crainte, lorsqu'ils se sentaient voyager sur l'eau.

Ils observaient tout avec une grande curiosité et étaient extrêmement intéressés par le mouvement bruyant des moteurs du navire et de ses sirènes à vapeur.

Arrivé à Penang, où j'ai rencontré de nombreux amis, ils sont rapidement devenus le centre d'attraction.

On leur servit des friandises de toutes sortes, et on leur offrit une multitude de friandises les plus raffinées et de sucre blanc. Ils acceptaient tout cela sans enthousiasme mais jetaient les friandises dès qu'ils les avaient goûtées. Quand je leur ai demandé pourquoi ils l'avaient fait, ils ont répondu qu'il y avait quelque chose de pas parfaitement sucré dans leur saveur et qu'ils craignaient que quoi que ce soit, cela leur fasse du mal.

Les cadeaux qu'ils semblaient le plus apprécier étaient les cigares, le tabac et le sucre blanc.

Mes cinq Sakais se partagèrent leurs cadeaux, en mettant de côté pour les êtres chers de la maison, et je remarquai souvent qu'au milieu de l'égarement que devaient éprouver ces âmes simples à se trouver entourées de gens et de choses si totalement nouvelles pour eux eux, ils ne semblaient jamais oublier un seul instant les personnes bien-aimées qu'ils avaient laissées derrière eux dans la jungle.

Le Town-Band a donné un concert et j'ai accompagné mes protégés pour l'entendre. Les basses, avec leurs notes graves, choquaient le sens acoustique des pauvres gens et leur inspiraient visiblement la terreur. Ils se bouchaient les oreilles avec leurs doigts et montraient clairement les sensations désagréables dont ils souffraient. Mais il en était tout autrement lorsqu'ils écoutaient des instruments aux sons plus aigus, notamment ceux en bois, comme la flûte, la clarionette et le hautbois. Les notes pures et vibrantes leur procuraient une jouissance intense à en juger par l'expression heureuse de leurs visages et de leurs yeux singulièrement brillants.

Je les ai également emmenés dans un théâtre chinois, mais le talent des artistes jaunes n'a pas trouvé son chemin jusqu'au cœur des Sakai et après avoir assisté au spectacle pendant quelques minutes, ils ont franchement déclaré qu'ils n'étaient pas du tout amusés.

Leurs natures naïves et leurs affections simples sont restées intactes par les séductions de la civilisation. Rien ne manquait pour les contenter : ils étaient caressés par les Anglais, recevaient des tas de cadeaux et vivaient sans la moindre fatigue, mais ils n'étaient pas heureux. Je les ai vus changer d'humeur et devenir plus mélancoliques d'heure en heure. Les distractions par lesquelles j'essayais de guérir leur mal du pays ne faisaient que l'augmenter.

Le troisième jour de notre séjour à Penang, ils me supplièrent si instamment de les laisser retourner dans leurs familles que, impressionné par leurs regards maladifs et leur air inconsolable, je leur promis aussitôt d'exaucer leur désir.

Cette promesse les remit de meilleure humeur et leur bonne humeur fut tout à fait rétablie lorsque le paquebot quitta le port de Penang et nous conduisit vers la rivière Perak. Personne n'imaginerait la transformation qui s'était produite chez mes cinq compagnons de voyage.

Quatre jours de vie citadine les avaient marqués physiquement et moralement. Ils étaient fatigués et dégoûtés de tout. Habitués en moyenne à marcher vingt milles par jour, à Penang, après avoir parcouru quelques rues, ils étaient fatigués. Exposés aux privations et aux difficultés de la Jungle (souvent dues à leur propre imprévoyance), ils furent bientôt nauséeux devant l'aisance et l'abondance que leur offrait la ville.

Là où le climat, les charmes du lieu et la sécurité contre les bêtes sauvages étaient tous calculés pour captiver leur imagination et les rendre satisfaits, les pauvres Sakais se languitaient des vicissitudes de leur vie sauvage dans les bois où le confort était inconnu et la nourriture était rare. parfois rare. Leurs pensées, leur âme même étaient toujours de retour dans la forêt reculée, dans ce désert enchanteur dont le sortilège les aveuglait sur ses périls et ses inconvénients mortels. Là-haut, la liberté d'action était parfaite ; là-haut, il y avait leurs familles !

Ce passage soudain d'une existence primitive au progrès de plusieurs siècles avait été pour eux un choc sévère. De même qu'un changement brusque de l'obscurité profonde à la lumière la plus éblouissante, ou de la température du pôle à celle de l'équateur, produit inévitablement de graves désordres dans l'organisme s'il ne s'avère pas réellement mortel, de même le retournement d'un sauvage dans un citoyen à un jour de préavis encourt un risque dangereux.

L'idée populaire parmi nous selon laquelle n'importe qui peut s'habituer rapidement aux luxes et aux commodités de la vie moderne trouve un frein lorsqu'elle est appliquée à des peuples primitifs comme les Sakais. Ils peuvent observer, enquêter et chercher à comprendre, dans la mesure où leur intelligence le permet, tout ce qu'ils voient autour d'eux ; ils se souviennent bien de tout ce qu'ils ont entendu et vu, et l'imitent et le décrivent dans leur langue pauvre et étrangère à leurs parents et amis ; ils portent avec eux des cadeaux qui sont un témoignage tangible de leurs voyages ; ils expliquent aux autres comment les maisons étaient protégées du vent, du soleil et de la pluie ; ils apprendront à imiter les sifflets des moteurs, le rugissement de la vapeur sortant des soupapes ouvertes et le son sourd de ce monstre mystérieux qu'est l'automobile, mais leur enthousiasme et leur affection sont fermement fixés sur leur forêt natale, merveilleuse. dans ses richesses et ses attraits.

Bien qu'il puisse apporter à ses amants la mort et la souffrance, il est toujours le plus aimé des sauvages et seule une introduction très lente, patiente et - pour eux - imperceptible d'éléments civilisateurs parmi eux pourra affaiblir cet attachement pour l'environnement sauvage et transformez ces trésors d'affection et de fidélité à une fin plus utile et plus logique.

CHAPITRE VI.

La grande Sorcière — La forêt vue d'en haut — Une lutte pour la vie — Les crimes des plantes — Crépuscule éternel — Naissances et morts — Concerts de chanteurs forestiers — Le "durian" — Les "ple-lok" — Immensités inexplorées par la science — Trésors intacts — Para Rubber — Les Samaritains de la jungle — La forêt et son histoire.

Parler de la forêt sans l'avoir vue, et après l'avoir vue, décrire ses merveilleuses beautés, sont des tâches également impossibles.

Quand l'art aura reproduit fidèlement les magnifiques harmonies de couleurs, de voix et de contours particulières à la jungle, on pourra dire qu'il n'y a plus de secrets de beauté à pénétrer, parce que nulle part ailleurs la nature n'a été aussi prodigue à lui donner. teintes multiples ou a manifesté la Vie avec une telle gloire triomphale de fécondité ; nulle part ailleurs on ne trouve une si prodigieuse variété de formes et d'attitudes, ni une telle multiplicité de sons.

Comme un hymne d'amour, la forêt surgit du sein de sa grande Mère et s'élève avec avidité, passion vers le soleil, son Bienfaiteur.

S'il était possible de planer en hauteur et de contempler cette vaste mer verdoyante, ses infinies nuances de vert, animées çà et là par l'éclat audacieux de mille fleurs merveilleuses, nous aurions sous les yeux la représentation la plus complète, la plus artistique et la plus suggestive. de la vie et de ses luttes.

Les arbres gigantesques se dressent droit vers le soleil, chacun semblant s'efforcer de devancer l'autre ; mais un sous-bois épais et encore plus ambitieux de plantes s'enroule autour de leurs troncs et les enferme dans une étreinte tenace, puis se tordant et rampant parmi les branches étalées, atteint et couvre les sommets les plus élevés où elles déploient enfin leurs diverses feuilles et fleurs sous le regard le plus ardent du soleil.

L'arbre, ainsi encerclé et étouffé par l'emprise funeste des grimpeurs, manque de lumière et de souffle ; la sève coule en faible quantité dans tout son organisme et il languit à l'ombre des vrilles serrées ; des nuées d'insectes augmentent son agonie en faisant leur nourriture et leurs nids de son écorce ; les reptiles font l'amour au creux de son tronc et vient enfin le jour où le géant sans vie tombe dans un fracas effroyable, entraînant avec lui le parasite meurtrier, victime de sa propre ténacité, qui l'a d'abord élevé pour se prélasser au soleil, puis l'a fait écraser sous le poids pourri de son ancien partisan.

Ce sont de furieuses étreintes d'envie et de jalousie ; frénésie d'égoïsme dans le règne végétal : expressions étranges de haine et d'amour formidables, d'oppression et de vengeance.

Toutes ces myriades de plantes sont envahies par la manie irrépressible de monter le plus haut possible et de recevoir le premier baiser du soleil, le plus brûlant, peut-être le plus pernicieux, mais le plus libéral. Et tous se hâtent d'arriver, comme s'ils craignaient d'être dépassés dans l'ascension autant par l'arbre colossal destiné à braver les siècles – si ses racines massives ne sont pas ruinées par ses minuscules ennemis – que par ces pousses élancées d'un mois ou d'un jour.

"Plus haut encore ! Toujours plus haut !" la multitude aux feuilles vertes semble crier : « Excelsior !

Le soleil ne pénètre jamais sous cet enchevêtrement de végétation que là où une ouverture a été pratiquée par les mains des sauvages ou par le travail de la foudre et de l'ouragan.

Dans la pénombre de son atmosphère humide, les rangées interminables de grands troncs droits, les uns robustes et les autres légers, prennent les formes les plus étranges qui puissent faire appel à l'imagination de l'observateur. Ce sont désormais des colonnades, ornées de festons pendants qui s'étendent au loin ; maintenant, ce sont des allées mystérieuses de temples de monstres ; maintenant, ils sont le projet inachevé d'un architecte géant dont l'entreprise a été arrêtée par un ordre soudain et mystique. Si féconde que soit l'imagination de l'artiste, il trouverait ici toujours une inspiration nouvelle et superbe dans le spectacle captivant des beautés virginales de la nature.

Les eaux stagnantes des étangs, autour desquelles coassent les grenouilles et rampent les sangsues, sont abondamment parsemées de nénuphars, de roseaux et d'autres plantes aquatiques.

Sur les troncs blanchis d'arbres centenaires, des familles entières d'orchidées se sont insinuées dans de petites fentes de l'écorce et y fleurissent dans les couleurs les plus vives : rouge, violet, bleu et aussi blanc.

Partout règne une joyeuse exubérance de vie et de vigueur. Chaque jour commence ou termine le cycle du temps destiné aux habitants végétaux de la jungle, car, comme il n'y a pas de cycles réguliers de saisons, les plantes et les fleurs finissent leur course selon l'existence courte ou longue que leur prescrivent les lois naturelles, et l'on continue continuellement à courir. voit des feuilles et des fleurs séchées et fanées tomber au sol tandis que d'autres s'ouvrent et fleurissent à leur place. Ceux qui meurent aujourd'hui nourrissent la génération nouvelle et on assiste ainsi à un renouvellement incessant des diverses espèces sans qu'il soit nécessaire qu'un jardinier prépare le sol.

L'exubérance de la vie animale est dans une égale proportion, car il y a de la nourriture en abondance pour tous.

Un bourdonnement profond et ininterrompu remplit l'air ; il vient des cigales dont le chant monotone fatigue l'oreille, et des frelons et des abeilles de toutes sortes qui font un bourdonnement incessant en suçant le jus des plantes ou en plongeant leurs antennes dans les fruits mûrs ou peut-être dans quelque charogne qui se trouve à proximité. Le son de basson ne s'arrête jamais un seul instant et raconte à l'auditeur combien sont innombrables les populations d'insectes qui vivent et génèrent leur espèce à l'ombre de leur retraite dans la jungle. D'autres bruits inexplicables, des fracas lointains, des bruits mystérieux qui glacent les veines, des hurlements qui font frissonner, brisent un instant le silence de midi. Quelle est leur origine ? Personne ne peut le dire.

Les différents bruits d'animaux que l'on entend dans la forêt suivent une règle qui ne connaît aucune exception.

La journée est saluée par un concert complet chanté par la gorge des chanteurs à plumes. Cet hymne matinal s'élève dans toute sa pureté innocente vers le ciel tandis que les féroces protagonistes des tragédies sanglantes de la nuit passée se faufilent dans leurs tanières et laissent le champ libre aux animaux herbivores plus doux.

L'arbre durian.

Mais à midi, quand le soleil projette ses rayons les plus brûlants sur ce vaste palais émeraude de la vie, les voix gaies se taisent et la forêt ne résonne que du bourdonnement somnolent des insectes.

Alors que le soir approche, les oiseaux recommencent à gazouiller et à triller, ils saluent le soleil couchant et s'envolent pour se reposer. Ensuite, les singes commencent à crier et à bavarder et peu de temps après, les hiboux et autres oiseaux nocturnes prennent leur tour, rendant l'obscurité désormais dense plus terrible avec leurs cris durs et sinistres. Petit à petit, à mesure que la nuit s'approfondit, des mugissements, des rugissements et des hurlements résonnent de toutes parts dans un lent crescendo jusqu'à se fondre en un tumulte général et épouvantable qui ne pourrait être plus affreux si les portes de l'Enfer s'ouvraient sur Terre.

Je ne suis pas un artiste et encore moins un scientifique mais en tant que simple observateur j'aime noter tout ce qui mérite d'être remarqué et qu'il m'est possible de transmettre sous une forme intelligible.

Après avoir décrit, au mieux de mes capacités, les caractéristiques de la vie forestière, je pense qu'il serait bon, en mettant de côté ses charmes magiques et ses multiples merveilles qui feraient un poète même de celui qui n'a aucune tendance à la poésie, de décrire, en de manière plus pratique, certains de ses produits.

Je commencerai par le durian, ou *sumpà*, dont le fruit est inconnu dans notre pays.

C'est un très grand arbre, atteignant 40 ou 50 mètres de hauteur et distend autour de lui un immense pavillon de riches branches couvertes de petites feuilles.

On le trouve parfois seul et parfois en touffes et c'est le seul arbre que les Sakais montrent un quelconque intérêt à multiplier, et cette culture, si on peut l'appeler ainsi, est faite par eux presque inconsciemment, non pas par sentiment sentimental mais plutôt par sentimentalisme. de l'effet d'un sentiment et d'une superstition. [4] Il produit une quantité extraordinaire de fruits, dont il est difficile d'égaler la saveur exquise. On a calculé que chaque arbre porte en moyenne environ 600 durians, mais certains ont même atteint le chiffre énorme de 1000.

S'il s'agissait de baies ou de noix, cela ne serait pas si remarquable, mais chaque fruit du durian pèse environ deux kilogrammes et est aussi gros qu'une tête d'enfant. Pour cette raison, il est dangereux de se tenir ou de passer sous un de ces arbres lorsque les fruits sont bien mûrs, car une balle aussi lourde tombant d'une hauteur de quarante mètres ou plus suffirait à vous ouvrir la tête, même si les longs piquants avec dont il est couvert ne le rendait pas plus redoutable.

Les Sakais sont très gourmands en durians et M. Wallace écrit que sa saveur délicate est si exquise qu'elle compenserait bien les dépenses et les perturbations d'un voyage vers l'Est dans le but d'y goûter.

Cette affirmation de l'écrivain anglais est peut-être quelque peu exagérée mais pour ma part, je dois dire que je n'ai jamais rien goûté de plus délicieux. Mais tout le monde ne peut pas apprécier ou apprécier ce fruit étrange pour l'odeur nauséabonde qui le distingue et qui est susceptible de provoquer des nausées chez un estomac faible.

Imaginez-vous avoir sous le nez un tas d'oignons pourris et vous n'aurez encore qu'une vague idée de l'odeur insupportable qui se dégage de ces arbres et quand on ouvre le fruit, l'odeur nauséabonde devient encore plus forte.

A maturité, c'est-à-dire aux mois d'août et de septembre, les durians tombent à terre et sont ramassés avec empressement par les indigènes, qui, au moment de leur maturation, laissent les femmes et les enfants, les vieillards et les malades. leurs villages et campent dans la forêt autour de ces arbres précieux.

L'extérieur du durian est ligneux et couvert de forts piquants de près d'un pouce de long. L'intérieur est constitué d'un grand nombre de petits œufs chacun étant enveloppé dans une fine pellicule qui, une fois brisée, révèle une pulpe ayant la consistance et la couleur d'une crème anglaise épaisse. Une grosse graine est incrustée au centre de chaque œuf, de taille et de forme semblables à celles d'une amande, bien que moins plate.

Je ne peux en aucun cas décrire la saveur de ce fruit que le vrai Sakai appelle *sumpà*. Je ne peux que répéter qu'il est exquis et de loin supérieur à n'importe quelle friandise sucrée préparée par un cuisinier ou un pâtissier. Il n'y a rien qui l'égale, et en mangeant on ne discerne pas la moindre odeur car la puanteur désagréable vient de la seule enveloppe et plus elle est mauvaise, plus le goût de la pulpe est délicat.

Ce fruit est trop périssable pour pouvoir être exporté vers des pays lointains même s'il avait des chances de trouver faveur sur les marchés européens, en raison de son odeur horrible, qui ne le protège cependant pas de la voracité des singes et de leurs compagnons rongeurs. —surtout les écureuils—qui parviennent, malgré ses redoutables piquants, à percer un trou dans l'enveloppe et à grignoter une partie de son contenu, laissant le reste pourrir à l'intérieur.

A ma connaissance, le durian n'est sujet à aucune maladie qui pourrait affecter la quantité annuelle de fruits à cueillir, ceci dépendant entièrement du fait que le vent ait soufflé violemment ou non pendant sa floraison.

Ce roi des arbres, comme l'appellent les Sakai, grandit et prospère jusqu'à près de mille mètres de hauteur, et ses fruits sont conservés en les pressant dans de grands tubes de bambou après en avoir cueilli les graines.

Les Sakais échangent fréquemment ces pots de confiture originaux contre d'autres articles tout aussi prisés par eux, comme du tabac et des perles.

Un autre fruit, si délicieux qu'on pourrait presque dire qu'il rivalise avec le durian, est le *plè lòk*.

L'arbre sur lequel il pousse ne peut être classé parmi les géants de la forêt. Il a de grandes et longues feuilles qui ressemblent à celles de l'orange, mais si sur le dessus elles sont d'un noir brillant, le dessous est d'un vert encore plus brillant.

Le fruit, qui mûrit entre septembre et novembre, a la taille d'une pêche mais il est recouvert d'une coque très épaisse (presque noire à l'extérieur et rouge rouille à l'intérieur) de l'espèce de nos noix. La pulpe est divisée en plusieurs quartiers chacun enfermé dans une pellicule très fine. Elle ressemble à une gelée blanche comme neige et fond en fait immédiatement dans la bouche, ne laissant qu'un petit noyau. La saveur est douce et extrêmement agréable.

L'enveloppe est utilisée par les Sakai pour produire une teinture avec laquelle se peindre le visage et également pour faire une décoction comme remède contre la diarrhée et les douleurs d'estomac.

Les Sakais sont extrêmement friands de ce fruit, comme pourrait l'être d'ailleurs tout Européen habitué aux douceurs les plus fines, d'autant plus qu'il ne fait jamais de mal ni ne provoque d'indigestion, même lorsqu'il est consommé en grande quantité.

A côté de ces deux grands seigneurs de la forêt je citerai également le *ple pra* , un colosse qui, modestement, mais sans avarice, fournit aux Sakai d'excellentes châtaignes.

Il est impossible, malgré mon désir, de décrire les nombreux autres arbres et fruits qui font la richesse de la forêt, car cela serait trop long. Plus loin, dans un chapitre consacré aux poisons, j'en ai cité quelques-uns parmi les plus dangereux à cet égard, mais entre ceux qui sont les ministres de la Mort et ceux qui sont les moyens de Vie du simple habitant de la jungle, il existe d'innombrables espèces. auquel il serait difficile d'attribuer une classe particulière.

Beaucoup de ces derniers sont considérés par les indigènes avec méfiance, peut-être sans aucune raison, mais qui sait de quelle étrange croyance transmise de père en fils ? Et au cœur de la forêt, qui est là pour étudier et expérimenter ces feuilles et ces fruits afin de vérifier s'ils sont parfaitement comestibles ?

Je suis par exemple d'avis que le fruit du *giù ù ba a* pourrait être utilisé en toute sécurité et dans une large mesure.

C'est comme une petite citrouille, verte à l'extérieur et blanc jaunâtre à l'intérieur. On extrait de sa pulpe une sorte d'huile qui, une fois cuite, n'a pas un goût désagréable et ne fait aucun mal. Mais le *giù ù ba a* est une plante grimpante et c'est parmi ces parasites que les poisons abondent et c'est pourquoi les fruits qu'on en tire sont utilisés avec réticence et si possible, complètement évités.

Des trésors inimaginables sont encore cachés dans les profondeurs de la forêt malaise ; des trésors inestimables pour la science médicale et pour l'industrie.

Si les premiers découvraient les vertus thérapeutiques et venimeuses exactes de quelques-unes de ces plantes, dont beaucoup sont tout à fait inconnues des botanistes, que d'innombrables remèdes nouveaux et puissants pourraient enrichir la pharmacopée des peuples civilisés !

L'agriculture, dans toutes ses branches variées, pourrait trouver ici d'incalculables trésors de fertilité !

Sans compter le riz qui donne un merveilleux produit annuel, le maïs qui donne deux récoltes par an et les patates douces qui en donnent trois, il y a l'igname, le *sikoi* , [5] la canne à sucre, le café, le poivre, le thé. , la banane, l'ananas, l'indigo, le sagou, le tapioca, le gambier, diverses sortes d'hévéas, des arbres gigantesques pour la construction navale, etc.

Le Para Rubber , dont est extraite notre gutta percha, pousse à merveille dans le sol malais et nécessite très peu d'attention ou de dépenses.

Il y a le *ramiè* dont les fibres supplanteront peu à peu la soie que nous tirons des cocons, ou bien mélangées entre elles formeront une étoffe d'excellente qualité. C'est une herbe aux longues tiges fibreuses qui, une fois bien battues et blanchies, deviennent comme une douce masse de laine. Après avoir été cardée, elle peut être filée en fils les plus fins, aussi brillants et souples que la soie elle-même.

Le Durian.

Cette plante prospère très bien à Perak et ses tiges peuvent être coupées deux fois par an. Il suffit de la cultiver pour que l'industrie soit dotée d'un élément nouveau et précieux. En fait, rares sont ceux qui ignorent que la plupart des étoffes de soie chinoises sont tissées avec des fibres *de ramiè* , mais leur utilité pourrait avoir une extension beaucoup plus grande si elles étaient faites un objet d'étude par ceux qui sont capables d'en tirer des résultats profitables. .

Très peu de terres, je pense, ont été aussi favorisées par une nature capricieuse que la péninsule Malaise où elle semble avoir pris plaisir à céder ses trésors de flore et de faune ainsi que ses trésors souterrains, car plusieurs mines d'or et d'étain sont en exploitation, tandis que on y trouve constamment du plomb, du cuivre, du zinc, de l'antimoine, de l'arsenic et bien d'autres métaux, outre quelques riches veines de wolfram, bien qu'un véritable gisement de ce dernier minerai n'ait pas encore été découvert.

Si une fois les forces encore paresseuses mais honnêtes des Sakais pouvaient être utilisées en les tournant vers l'agriculture, toutes ces richesses naturelles pourraient être envoyées sur les marchés mondiaux et un peuple clairsemé mais bon, susceptible de grands progrès, serait progressivement civilisé.

Le Para Rubber , mentionné ci-dessus, constitue l'une des plus grandes richesses de l'industrie agricole malaise.

Le sol et le climat sont très favorables à sa culture dans la Péninsule, à tel point qu'un arbre atteint la maturité nécessaire à la production de cet article précieux en quatre ans, si on lui apporte un soin et une attention particuliers, ou en cinq ou six si laissé à sa croissance naturelle (comme à Ceylan), alors qu'ailleurs il faut huit et même dix ans.

Il n'y a pas si longtemps, le gouvernement britannique avait planté, à titre expérimental, un espace limité avec des graines importées du Brésil. Le résultat fut suffisamment encourageant pour inciter l'Institut de Recherches Tropicales, créé sous les auspices de l'Université de Liverpool, dans le but de développer le commerce colonial, à réaliser des plantations qui, en une seule saison, ne produisirent pas moins de 150 000 livres de gomme.

Il y a environ trois ans, 60 000 acres de terre ont été plantées de Para Rubber , le gouvernement fournissant les semences à un taux très bas.

On calcule que chaque acre contient de 125 à 250 arbres selon la qualité du sol et sa position.

Ces plantations continuent de s'accroître avec une rapidité surprenante et on peut dire aujourd'hui qu'on trouve quatre millions d'arbres sur une superficie de 200,000 acres.

Quand on considère que chaque arbre donne en moyenne de 5 à 6 livres de gomme, et que celle de Perak, chimiquement prouvée pure, est cotée sur le marché à 6/10 la livre, tandis que la meilleure produite par d'autres pays ne dépasse pas 5/7 — on peut se faire une estimation assez correcte de la somme énorme tirée du caoutchouc Para de Perak.

On pensait généralement que cet arbre précieux souffrirait s'il dépassait mille mètres de hauteur, mais dans la péninsule malaise, il pousse et se nourrit même à plus de 1 600 mètres, en particulier le soi-disant *ficus elasticus* et l'hévéa.

Le gouvernement britannique fait de son mieux pour accroître cette culture, et « son meilleur » dans ce cas signifie en réalité « le meilleur » car outre la concession de terres et la fourniture de semences à faible taux, le gouvernement aide cette industrie, en dont tant de millions sont investis, par la construction de grandes et larges routes ainsi que par l'entretien des chemins de fer pour le transport des marchandises, fixant un tarif minimum pour le transport.

Peut-être que quelqu'un m'accusera d'être trop partial dans mes remarques sur le travail accompli par le gouvernement britannique dans ce lointain protectorat oriental, mais d'avoir contribué pendant de nombreuses années au développement agricole et commercial sans cesse croissant de la péninsule et d'avoir vu le Les conquêtes constantes que la civilisation a faites au moyen des méthodes les plus pratiques et les plus sûres, telles que l'éducation patiente des indigènes à l'amour du travail et l'administration prompte et consciencieuse de la justice, je ne peux qu'admirer l'activité éclairée et bienfaisante déployée par les L'anglais dans ces régions.

Fermée cette parenthèse sur les plantations qui s'étendent désormais au loin dans la forêt (la hache du bûcheron défriche sans cesse de nouvelles parcelles pour les entreprises agricoles), je veux que vous retourniez avec moi dans la jungle encore presque inexplorée et où la nature règne en maître sur l'épaisse végétation tropicale.

Ayant déjà parlé brièvement et de manière désordonnée des richesses qui sont ici offertes gratuitement - non des richesses de Midas et de Pymalion, car mère Nature ne refuse pas la nourriture à ses enfants, même s'ils sont profanateurs de ce merveilleux temple de sa fécondité - il C'est à juste titre que je dois maintenant attirer votre attention sur deux grands amis des voyageurs en forêt. L'un est le bambou et l'autre une plante grimpante appelée « vigne d'eau ».

Le bambou, que nous connaissons seulement comme l'une des plantes les moins considérées dans un grand jardin bien entretenu, ou comme une canne polie, comme les pieds d'une table fantaisie à l'équilibre incertain ou comme une boîte à tabac savamment travaillée par les Chinois ou les Chinois. Les doigts japonais, dans la forêt libre, deviennent un habitant colossal. Ses tiges, d'abord tendres et souples, atteignent une taille et une solidité telles qu'elles peuvent être utilisées pour les conduites d'eau. C'est une plante vigoureuse et envahissante qui couvre le sol environnant de nouvelles pousses tandis que sous ses longues racines s'étalent et aspirent tous les nutriments vitaux présents dans la terre environnante.

Pour celui qui vit dans la forêt, le bambou est aussi nécessaire que la nourriture elle-même. Il fournit des cabanes légères et solides ; il fait frémir la sarbacane, la flèche et le carquois ; il sert à transporter l'eau et à conserver les fruits ; il constitue un récipient sûr pour les jus toxiques ; c'est une bouteille et un verre, et fournit enfin aux cuisiniers indigènes une casserole qu'eux seuls peuvent utiliser car ils ont le don de cuire leurs aliments sans brûler le bambou. J'ai souvent essayé de faire la même chose, mais le résultat a toujours été que pot et potage ont été brûlés ensemble.

Le bambou a aussi une vertu secrète d'une valeur incalculable pour le voyageur assoiffé, accablé par la chaleur d'un soleil tropical : c'est un parfait réservoir d'eau.

En perçant un trou juste sous les joints de chaque canne, il en jaillit plus d'un demi-litre d'eau claire, peu fraîche, mais saine et bonne. Son goût est plutôt amer et sert à redonner des forces ainsi qu'à étancher sa soif.

La vigne d'eau agit également comme un Samaritain dans la jungle. Comme toutes les autres plantes de son espèce, cette plante grimpante enferme dans son étreinte cruelle quelque géant, roi de la forêt (le privant ainsi de sa force), puis tombe de ses branches en riches festons, se balançant et bruissant à chaque souffle d'air.

En faisant une entaille à l'extrémité d'une des gerbes qui pendent vers le sol, une eau fraîche et potable s'écoule.

Il est peut-être superflu d'ajouter que cette grande nécessité pour le voyageur à pied peut être obtenue par d'autres sources : les ruisseaux qui coulent çà et là, et les feuilles énormes qui, en se desséchant, sécrètent une certaine quantité de l'eau de pluie à l'intérieur.

Ainsi la jungle donne à manger et à boire, avec une abondance et une variété merveilleuses, mais malheur à celui qui ne la connaît pas bien, car elle offre aussi la Mort sous mille formes insoupçonnées et séduisantes !

Combien de fois, à l'heure solennelle et languissante de midi, alors que les oiseaux et les bêtes somnolaient à cause de la chaleur, je me suis tenu à l'ombre et j'ai interrogé la forêt sur ses premiers contrevenants et leurs descendants ! Mais mes demandes sont restées sans réponse ; dans sa superbe grandeur, il ne s'intéresse pas aux vicissitudes tragiques de la vie animale ou végétale, il ne tient aucun registre, au contraire, il efface rapidement toute trace des événements passés.

J'ai vainement demandé : d'où venaient ceux qui ont trouvé refuge et solitude dans les profondeurs obscures de ses collines boisées ? Combien de siècles ont-ils habité dans ces régions isolées et sauvages ? J'ai demandé si cette tribu timide et dispersée n'était pas les restes d'un peuple autrefois grand et fort éclipsé par une race plus jeune, plus forte et plus sauvage ? Regardant parfois, avec des yeux admiratifs, les étranges formes architecturales prises par les troncs massifs et les vignes gracieuses, fantastiques mais toujours majestueuses, j'ai demandé à la forêt si elle n'était pas née sur les ruines de quelque civilisation ancienne et perdue et si ces mêmes formes n'était-ce pas une évocation inexplicable des créations gigantesques de génies disparus qu'il me semblait en imagination apercevoir faiblement ?

Mais la forêt restait muette et gardait son impénétrable secret.

Seulement ici et là, des groupes d'arbres plus bas que ceux environnants, et entre eux des espaces de terrain, qui avaient évidemment été autrefois des clairières et n'étaient pas encore totalement recouverts par la végétation de la jungle, témoignaient du nomadisme Sakai même à d'autres époques. Aucun autre signe du passé, et ma question, peut-être absurde, se répète. Suis-je devant l'enfance sauvage d'un peuple, ou la sénilité passée d'une race perdue de vue au cours des siècles ? Dans ce dernier cas, ne resterait-il pas quelque relique de son existence ? un fragment de pierre ou de substance concrète inscrit avec les chiffres de son époque ? Est-il possible que tout ait été enfoui aux yeux de l'homme moderne, sous la luxuriance de l'herbe et des buissons ? Ou n'est-ce pas moi qui rêve vainement sous l'impression de la grandeur muette de la forêt et des milliers de voix qui en réveillent aujourd'hui les échos et n'en laissent demain aucun derrière ?

Notes de bas de page :

[4] Dans un autre chapitre, où je décris les superstitions et les croyances des Sakais, j'ai parlé de la coutume qu'ils ont de déposer de la nourriture, du tabac, etc., sur les tombes de leurs morts pendant une semaine après leur enterrement. Naturellement, tout ce qui n'est pas dévoré par les bêtes ou les insectes, pourrit sur place et les graines des fruits se retrouvent dans la terre. C'est pour cette raison que de nombreux nouveaux arbres surgissent en groupes, obtenant leur première alimentation de la dissolution du cadavre.

[5] Le *sikoi* pousse en haute montagne et les femmes doivent prendre grand soin de le nettoyer avant de le cuire. C'est une céréale qui ressemble à notre mil et qui possède de bonnes qualités nutritives.

Les Sakays le mélangent avec de l'eau et confectionnent une sorte de « polenta » en la cuisant, comme d'habitude, dans leurs casseroles en bambou. C'est un plat préféré lorsqu'ils sont consommés avec de la chair de singe, des rats, des morceaux de serpent, des lézards, des coléoptères et divers autres insectes qui auraient une valeur entomologique rare pour tout musée qui les possédait.

Ignorant le composé répugnant qui donnait un goût si savoureux au *sikoi*, au début de mon séjour chez les Sakays, je le mangeais avec délectation après l'avoir assaisonné d'un peu de sel, article peu utilisé chez mes amis montagnards. Mais quand j'ai su quels ingrédients lui donnaient du goût, je l'ai refusé, aussi gentiment que possible pour ne pas offenser leur susceptibilité, car mon estomac se rebellait contre ce désordre.

CHAPITRE VII.

Les pièges de la vie civilisée — L'invocation de Faust— Les dangers de la forêt — Les serpents — Une aventure périlleuse — Animaux carnivores et herbivores — Le "sladan" — L' homme de la forêt .

Le jeune homme qui s'aventure imprudemment dans les quartiers mystérieux de Drury Lane, où le vice et le crime ont une réputation classique, ou qui se promène dans le vieux Quartier Latin de Paris (où certaines rues sont loin d'être sûres), ou qui trouve lui-même, pour quelque raison que ce soit, dans un de ces labyrinthes douteux qui existent encore dans les villes italiennes les plus civilisées, ne courrait certainement pas moins de risques qu'en affrontant les dangers de la forêt. Le dard, le piège, l'attaque des bêtes et des reptiles peuvent être, avec courage et calme, évités ou parés, mais les maux qui menacent l'homme, sous les euphémismes hypocrites de la société (toujours prête à vanter son caractère implacable), ne blessent pas seulement le corps. mais ce qui est pire, c'est l'esprit.

Ceux qui succombent à cette dernière sont souvent amenés à déplorer que la mort ne survienne pas assez vite pour tuer leur chair, après que leur âme et leur intellect ont été tués et consumés depuis longtemps.

Au cœur de la jungle, l'esprit s'élève et erre librement ; il n'y a aucune contrainte ni limite à son vol. Il s'enivre des joies simples et sereines de la vie ; il est imprégné d'un courant d'énergie nouvelle et puissante qui fait que l'on se sent seul, dans le royaume de la nature, soit immensément grand, soit infiniment petit ; délicieusement bon ou misérablement méchant.

Il n'est pas prudent, lors d'un voyage en forêt, de laisser la philosophie nous faire traîner longtemps en chemin, mais il y a des moments où la vie intérieure est si intense, où la pensée et le sentiment sont si impétueux que cet atome fugitif du temps est à lui seul suffisant pour marquer une époque indélébile dans l'existence des hommes. Qui sait si Méphistophélès avait conduit Faust dans la forêt vierge et l'y avait laissé libre de ses spéculations, si la fameuse invocation se serait un jour échappée des lèvres enfiévrées du docteur ?

Mais... qu'est-ce que c'est que ce sifflement ? Ce n'est pas l'esprit qui nie ; c'est un serpent que j'ai dérangé sur mon chemin et qui n'a pas trouvé ma philosophie trop agréable (comme toi, peut-être, aimable lecteur) et je vais donc couper court à ma digression.

La forêt regorge de reptiles. Il existe d'innombrables variétés de serpents, grands et petits, venimeux et inoffensifs. On pourrait presque dire (surtout vers la plaine) que chaque buisson et chaque arbre a un de ces habitants.

Les espèces les plus communes sont le *tigi riló* , le *tigi paà* et le *tigi dolò* mais les plus redoutées sont le *sendok* et le *bimaà* .

Cuisson dans une casserole en bambou.

En règle générale, aucun de ces serpents n'attaque une personne à moins qu'elle n'ait été agressée. Ils restent soit enroulés près d'un arbre, soit se balançant paresseusement sur l'une de ses branches, le tenant avec sa puissante queue. Il faut donc procéder avec beaucoup de prudence et regarder attentivement de haut en bas pour ne pas les déranger.

Le serpent, lorsqu'on le heurte, se jette aussi vite que l'éclair sur le malheureux délinquant, l'encerclant et l'étouffant de ses anneaux et le mordant de ses crocs acérés, même lorsqu'ils ne sont pas empoisonnés. Comme tous les autres animaux, il devient féroce et cherche à tuer par peur. Celui qui la dérange est un ennemi à vaincre.

Mais si vous le dépassez sans avoir peur et sans vous presser, d'un pas lent et glissant, en prenant soin de ne bouger ni vos mains ni vos bras, il vous laissera passer votre chemin et ne vous fera plus attention.

Et cela, je peux l'affirmer à partir des expériences que j'ai moi-même faites sur le terrible *sendok* .

Un jour, je pus ainsi passer tout près, touchant presque un de ces reptiles les plus venimeux. Il n'a jamais bougé pendant que je passais mais il ne m'a pas perdu de vue un seul instant. Je suis bien sûr que si ma peur intérieure s'était trahie par le moindre geste, j'aurais été un homme mort.

Parfois, j'ai réussi, très, très doucement, à poser dessus un bâton long d'environ deux mètres. Eh bien, l'horrible serpent a simplement déplié paresseusement ses anneaux et s'est glissé doucement sous lui. Le résultat aurait été bien différent si j'avais mis brutalement le bâton sur sa tête !

Vous verrez que le danger des serpents est bien moindre que ce que l'on pourrait croire à travers les aventures palpitantes racontées par des amis (entre une châtaigne rôtie et une gorgée de vin), confortablement réunis autour d'un coin du feu douillet, aventures qu'ils ont lues. dans les pages fabuleuses écrites par un de ces conteurs qui dupent le public respectable avec les descriptions les plus belles ou les plus effrayantes de lieux, d'hommes et de bêtes dont il connaît à peine le nom.

Les serpents sont toujours attaqués et abattus avec des bâtons, sauf les très gros, qui sont pris au lasso comme je l'expliquerai dans un autre chapitre. C'est un moyen simple et rapide de se débarrasser, en quelques minutes, d'un ennemi venimeux, ce qu'il ne manque jamais de faire lorsque la peur ne fait pas manquer l'œil et la main, la précision du coup étant tout ce qu'il faut.

Il n'y a pas très longtemps que j'ai vécu une aventure avec un de ces reptiles qui menaçait d'être ma dernière. Je me promenais tranquillement dans la forêt et n'avais avec moi ni arme ni bâton. Mes pensées étaient lointaines mais un bruissement et un fort sifflement les ramenèrent rapidement et arrêtèrent mes pas. Un gros serpent venimeux était juste devant moi ! Debout, la bouche ouverte et la langue sortie, incarnation de la haine, il était là, prompt à l'assaut. Mon cas était désespéré et seul un miracle de *sang-froid* pouvait me sauver. Fixant mes yeux fermement sur ceux du serpent, très progressivement et avec le mouvement le plus lent possible, je plie mes genoux et m'accroupis vers le sol, où, d'une manière tout aussi lente et méthodique, je cherchai à tâtons une sorte de bâton avec lequel frapper mon adversaire. Ayant trouvé ce que je cherchais, je me redressai avec la même prudence et, d'un geste brusque et rapide, je frappai la bête de toutes mes forces. Heureusement pour moi, mon coup a porté ses fruits et j'ai pu enrichir ma collection d'ennemis de la jungle.

Le voyageur malais qui n'est pas complètement étranger aux sentiments craintifs ferait bien de ne jamais quitter son poste confortable dans le wagon de chemin de fer entre un endroit et un autre ou du moins de se tenir à une distance sûre de la forêt, car bien que ses périls aient été été fort exagérées, il y en a quand même qui demandent un cœur fort et des nerfs fermes.

Lorsqu'il n'y a pas de grand gibier pour mettre votre courage et votre pouls à l'épreuve, il y a toujours une troupe de petits animaux qui se moquent de vous et prouvent votre force de résistance. Un rat vous mord le talon pendant que vous dormez ; les sangsues sucent ton sang ; toutes sortes d'insectes vous piquent. Ces petits incidents gênants irritent la chair et l'esprit et peuvent être cause de fièvre, mais une dose de quinine et une compresse sur la plaie ont bientôt un bon effet.

Mais il ne suffit pas d'affronter courageusement le danger physique, de supporter la douleur physique et de supporter avec grâce les mortifications infligées à sa chair par les plus petits habitants de ces régions, car la jungle exige aussi certaines vertus morales que la civilisation n'apprécie ni n'admire pas toujours. bien au contraire, il en rit souvent.

La grande Sorcière, dont on éprouve une étrange nostalgie après avoir connu une fois sa magnificence et ses horreurs, tue l'homme qui n'est pas sobre dans ses habitudes.

La modération dans l'alimentation est la première considération pour prolonger la vie en forêt. L'estomac ne doit jamais être surchargé et aucune boisson forte ne doit être utilisée.

En suivant ce mode de vie et en m'accordant très rarement ne serait-ce qu'un verre de vin, je parvins à me maintenir en excellente santé en 1889 lorsqu'une épidémie fit rage violemment dans l'île de Nias et fit de tristes ravages parmi les indigènes.

L'organisme humain, notamment celui d'un Européen, est assailli par de nombreux désagréments qui peuvent engendrer des maladies ; le soleil brûlant, qui semble cuire le cerveau ; les nuits froides et les rosées abondantes ; les violentes tempêtes qui s'abattent tout à coup sur votre tête et la nourriture qu'il faut supporter même si elle n'est pas vraiment hygiénique.

Pour tout cela, un régime strict, fondé sur la modération, est indispensable.

Il est vrai que dans ma cabane forestière j'ai un assortiment des meilleurs vins et whiskies, malgré l'improbabilité de pouvoir offrir un verre à mes amis, mais ces bouteilles restent bien bouchées, attendant que leur légitime propriétaire se sente indisposé, quand une ébauche de leur contenu lui redonnera des forces perdues sans recourir à des médicaments.

Les plus grands dangers dans la jungle sont ceux qui ne peuvent être affrontés impunément ; celles qui rendent toute défense inefficace lorsqu'un homme est pris par surprise.

Je parle des tigres et des panthères qui sont très nombreux et audacieux ; des ours, qui n'agissent pas ici avec autant de plaisanterie que dans nos rues et nos ménageries, mais rivalisent de soif de sang avec d'autres bêtes sauvages ; du rhinocéros, de l'éléphant, du terrible *sladan* , des chiens sauvages qui, féroces comme des loups, errent en grandes meutes.

Une dissertation sur le tigre et ses semblables ne me semble pas un sujet suffisamment intéressant pour mes lecteurs qui en auront vu, on ne sait combien, dans les foires et les musées et auront appris leur caractère et leurs habitudes dans les livres d'Histoire Naturelle ou dans les description (pas toujours exacte) de quelqu'un qui a seulement mis le pied sur le terrain où il vit. Je dois cependant mentionner spécialement le *sladan* , seul survivant d'une faune presque éteinte.

Cet animal appartient à la classe des herbivores mais est plus féroce que n'importe quelle espèce carnivore. Il ne tue pas de faim ou pour se défendre, mais simplement pour le plaisir de tuer.

C'est une sorte de buffle ou de bison avec deux cornes très solides et fortement implantées sur sa tête épaisse. Cet animal possède une telle vigueur et une telle agilité qu'il lui permet d'attaquer victorieusement toutes les autres bêtes sauvages. Seul l'éléphant parvient parfois, avec difficulté, à la maîtriser.

Sa tanière se trouve dans les parties les plus reculées et inaccessibles de la forêt et, de jour comme de nuit, il parcourt les environs, déchirant l'air de ses terribles rugissements. On n'est jamais sûr de ne pas le rencontrer, et le rencontrer signifie soit le tuer, soit être tué.

Il est très friand des pousses tendres de patates douces et pour cela visite souvent les cultures cultivées par les Sakais qui, par peur de cet ennemi redouté, ne plantent pas beaucoup. Mais en général, le *sladan* dévaste les champs de pommes de terre pendant la nuit.

La férocité de cette bête surpasse celle de toutes les autres, car si le lion, l'ours et même le tigre et la panthère sont connus pour montrer un certain sentiment de respect, de gratitude ou de peur, le *sladan* ne montre jamais l'un ou l'autre. Il semblerait presque qu'en lui se concentre toute la haine d'une race animale en voie de disparition, contre tout être vivant dont l'espèce est encore destinée à subsister dans le monde.

Et pourtant, tout près des repaires de ces champions de la sauvagerie, toujours à l'affût du sang et du carnage, vivent d'autres animaux tranquilles et inoffensifs. Je ne dirai rien du sanglier (qui, en comparaison du *sladan* , pourrait passer pour un agneau), de la chèvre sauvage ou du cerf qui sont en grand nombre, mais il y a de petits quadrupèdes rongeurs de toutes sortes, tailles et poils. , en plus de parfaites foules de singes de différentes espèces. Ils appartiennent à l'ordre des herbivores et vont le jour à la recherche de nourriture, se cachant lorsque les premières ombres de la nuit font sortir de leurs tanières les héros des tragédies nocturnes.

Une population bavarde d'oiseaux anime la forêt ; ils sont insectivores, granivores et omnivores mais tous sont beaux dans leur riche et merveilleuse variété de couleurs. Parmi eux, le faisan pour son plumage oriental et le cacatoès pour sa voix plaintive sont remarquables comme étant les plus grands.

Un concert gai est donné en l'honneur du jour naissant et du jour mourant, mais bien avant que les oiseaux de proie n'aient déployé leurs ailes et ne s'envolent, comme des fantômes, dans l'obscurité, les jolies chanteuses de Noël font taire leurs gazouillis et se cachent des horreurs de la nuit.

Un collectionneur de papillons s'extasierait devant les splendides variétés qui volettent et voltigent dans les airs, et la multitude innombrable d'insectes différents mériterait bien une étude particulière ; parmi ces derniers se vérifient les faits mimétiques les plus curieux que jamais l'esprit sans préjugés d'un homme politique puisse imaginer !

Et pourtant, au milieu de tant de contrastes, au milieu de tant de dangers qui exigent une présence d'esprit exceptionnelle et des nerfs solides, la vie en forêt est pleine de charmes et d'attraits.

L'esprit est fortifié et élevé par cette guerre continue, ouverte et prononcée, si différente de ces luttes déprimantes contre les esprits étroits et les cœurs de tigre qui caractérisent la vie citadine.

Il est très rare de rencontrer un homme dans la forêt malaise. Vous pouvez marcher pendant des semaines sans rencontrer âme qui vive. Il m'est pourtant arrivé une fois de rencontrer quelqu'un qui était un être primitif au sens le plus strict du terme.

Piège pour reptiles et rats.

Un jour, je marchais péniblement avec mon serviteur Sakai, lorsqu'au pied de la colline (Chentok) j'ai vu un petit lit de camp et j'ai souhaité le visiter. A l'intérieur, j'ai trouvé un homme. En m'apercevant, il attrapa sa sarbacane, un instrument misérable, et ses dards empoisonnés, et s'apprêtait à s'enfuir. Je me hâtai de faire offrir à mon compagnon quelques pommes de terre cuites et un peu de maïs qu'il accepta sans dire un mot et se mit à dévorer avec voracité.

Dans ces brefs instants, j'ai fait le point sur la pauvre créature. Il était terriblement maigre ; son squelette était clairement visible sous la peau sans ornements ; ses yeux enfoncés brillaient de méfiance et d'inquiétude sur son visage décharné, et ses longs cheveux noirs gisaient en masses emmêlées autour de son cou.

J'avais devant moi le vrai type de l'homme sauvage des bois, moins vif et moins bavard que son frère le singe.

Je lui ai donné du tabac, qu'il a fourré avec empressement dans sa bouche, puis, tenant fermement son arme, il s'est dépêché, sans prononcer une seule syllabe, bien que je lui ai demandé beaucoup de choses dans sa propre langue.

Il n'a pas non plus exprimé de satisfaction ou de gratitude pour ce qu'il avait reçu, mais a disparu muet, méprisant et silencieux dans la partie la plus épaisse de la jungle.

Mon petit Sakai n'était pas aussi surpris que moi de cette personne étrange et de sa manière de procéder, car il l'avait déjà vu et pouvait me dire quelque chose sur lui.

Il était connu sous le nom d' *Alà Lag* , ou le sorcier. Il n'avait ni femme, ni enfants, ni amis, et vivait tout seul, loin de tout le monde, errant dans la forêt, se nourrissant de miel sauvage et des fruits qu'il trouvait sur le sol. S'il attrapait du gibier, il allumait un peu de feu et semblait le faire cuire, mais en réalité il le mangeait cru. Parfois, il rencontrait un village lorsqu'il entrait dans la première cabane qui se trouvait sur son chemin et, par des gestes plutôt que par des paroles, il demandait de la nourriture et après l'avoir obtenue, il repartait.

Le bon Sakais avait pitié du pauvre vagabond et avait souvent essayé de le faire séjourner chez eux comme frère ou hôte mais il refusait toujours résolument toute proposition qu'ils lui faisaient et ils étaient d'avis que même la vieillesse n'aurait aucun effet sur la misanthropie. de ce pauvre être inoffensif qui s'isolait si obstinément de tous les siens.

Je me suis demandé : le pauvre garçon est-il sage ou fou en cherchant ainsi à vivre seul comme la nature l'a produit, dans la liberté illimitée de sa jungle natale où il est à l'abri des illusions et des chagrins ?

Des hommes, un peu moins sauvages que lui, éprouvent de la compassion pour lui à son passage. Personne n'oserait rire ou blesser une âme aussi inoffensive et il est donc autorisé à se promener tranquillement de cabane en cabane, ses excentricités et son comportement étrange étant sa sauvegarde.

Il n'en est pas toujours ainsi chez les peuples plus avancés en civilisation !

CHAPITRE VIII.

Un rendez-vous officiel — Une tournée d'inspection — Perdu dans la forêt — Je trouve un philosophe — Lycurgue et ses lois — Un esprit content est un festin continu — Une nuit parmi les tigres — Sur le Berumbum — Je dors avec un serpent — Le dernier d'une longue série — À l'abri des pièges et des flèches — Le couronnement du roi Édouard VII.

Ayant établi un commerce régulier de produits forestiers et tenté des plantations, j'ai ressenti une forte envie d'explorer tout le pays habité par les tribus Sakai pour mieux estimer ses richesses et en même temps mieux connaître le caractère de ce pays. des gens dont je ne connaissais qu'un nombre limité.

Du Bidor, je passai à Sunkei Selin et Pahang, et quand, en 1901, je me trouvais à Tapah, on me proposa le poste gouvernemental de surintendant du Perak Sakais.

La proposition était de nature à satisfaire une petite ambition dont je n'avais pas vraiment eu conscience auparavant. Je l'acceptai donc avec grand plaisir, d'autant plus que je me sentais flatté que le gouvernement britannique ait autant de confiance en un Italien.

Mon premier acte officiel fut de m'enquérir d'une grave querelle qui avait eu lieu entre les Sakais vivant dans la plaine et qui avait fait plusieurs morts.

Le fait était si rare et si extraordinaire, compte tenu de la bonté des gens, qu'il valait bien la peine d'une enquête.

Deux Bretak Sakais descendirent des hauteurs qui limitaient Perak et Pahang et trouvèrent l'hospitalité dans une famille de ces Sakais qui sont en contact constant avec des étrangers. Les voyant sortir du sel d'un tube de bambou et le manger, les deux convives demandèrent à pouvoir le goûter à leur tour. Dans n'importe quelle cabane des sauvages de la jungle, ce désir aurait été anticipé, mais ces autres avaient appris l'égoïsme, ainsi que d'autres défauts, dans leurs relations avec leurs voisins, et répondaient simplement que le sel faisait du mal à quiconque n'y était pas habitué.

Cette prévarication, qui équivalait à un refus, offensa les Bretaks, car elle constituait une violation de la coutume Sakai de partager comme des frères tout ce qu'ils possédaient. Ils insistèrent sur leur droit et obtinrent enfin une poignée de sel, qu'on leur donna à contrecœur.

Après le départ des Bretaks, les autres hommes se dirigèrent vers leurs pièges et rapportèrent avec eux quatre gros rats aussitôt cuits et abondamment salés.

Il arriva qu'une des femmes, malade depuis quelque temps, en mangea deux, se causant ainsi une indigestion si grave qu'au bout de deux jours elle n'était plus.

En quête de fruits et de bulbes.

Les Sakais pensèrent directement que sa disparition soudaine devait être due à un mauvais sort des Bretaks qui souhaitaient se venger de la réticence manifestée à leur donner le sel. Ils décidèrent rapidement que le crime devait être puni de mort et se mirent à la poursuite des présumés coupables. Dès qu'ils furent à leur portée, ils les attaquèrent avec une volée de fléchettes empoisonnées. Les autres se sont naturellement défendus et le conflit s'est soldé par trois morts.

Au fil du temps, le gouvernement fut informé de la question et chargea le *pengulu* (chef malais) de faire une enquête afin d'établir les responsabilités. Mais il a refusé d'intervenir.

A peine fus-je nommé surintendant que je reçus l'ordre de m'intéresser à l'affaire, et une escorte de soldats armés fut mise à ma disposition pour l'arrestation des coupables. Mais cette manière de procéder n'était pas à mon avis, comme je l'ai expliqué dans mon rapport. Le fait était tout à fait exceptionnel et était la conséquence d'une déplorable superstition. En emprisonnant quelqu'un, nous n'aurions pas dû guérir le grand mal de l'ignorance, mais seulement semer la haine contre l'homme blanc, car les hommes faits prisonniers ne pouvaient pas vivre longtemps en isolement et leur mort prématurée ne leur serait jamais pardonné.

L'autorité britannique étant favorable à ma façon de penser, j'ai pu aller seul et découvrir le bien-fondé de l'affaire, après quoi j'ai réussi à obtenir une pacification complète de toutes les personnes concernées.

J'étais depuis peu de temps dans mon nouveau bureau lorsque j'ai décidé de faire un tour d'inspection à travers le territoire confié à mes soins et je ne me souviens vraiment pas d'un autre de mes voyages aussi plein d'incidents et d'aventures émotionnelles. Deux en particulier ne seront jamais effacés de ma mémoire.

Je voyageais tout seul, me confiant peut-être trop dans la connaissance que j'avais acquise de la jungle, et la possibilité de me perdre dans la forêt ne m'est jamais venue à l'esprit.

Et pourtant, c'est l'un des plus grands périls qui puisse arriver à quiconque, car il pourrait s'agir d'un recueil de tous les autres.

Celui qui naît et qui grandit dans la forêt ne court pas ce risque avec certitude, car d'une légère coupure dans un arbre, d'un roseau cassé, d'une branche pendante, le moindre signe qui échapperait aux yeux les plus aiguisés des Européens, l'indigène sait tracer des indications précises sur la direction à suivre. Partout où il passe, il n'oublie jamais de laisser quelque trace de son passage afin de retrouver son chemin sans incertitude et sans perte de temps. De cette façon, les Sakais errent dans la jungle avec une sécurité étonnante, comme s'ils marchaient le long d'un chemin bien tracé.

La même prodigieuse variété de paysages boisés que la forêt offre au regard lui confère une certaine uniformité dans l'esprit d'un homme blanc. Les arbres colossaux qui s'étendent les uns après les autres à perte de vue ; les vignes et les plantes grimpantes qui se regroupent partout ; les immenses buissons et les bosquets fleuris ; les creux et les creux du sol et les petits étangs sur lesquels le vert des roseaux et des joncs triomphe également avec de vives couleurs florales. L'Européen embrasse tout cela d'un seul coup d'œil, dans sa totalité, mais ne peut discerner, comme le Sakai, la différence qui existe entre tel arbre et tel autre, tel vallon et tel autre. Et si le pauvre homme est seul, il sera sûrement perdu ; et s'il est perdu, il y a très peu de chances qu'il en sorte un jour.

Le soir approchait rapidement ; les oiseaux chantaient leurs derniers chants de la journée, et dans la première heure d'un bref crépuscule respiraient ce calme solennel qui appartient surtout à la forêt lorsque ses habitants les plus innocents commencent à se cacher pour la nuit, et les bêtes féroces des ténèbres ne sont pas encore à l'étranger à la recherche de proies.

Il se faisait tard et je me hâtai de rejoindre ma cabine, mais je me dépêchai autant que je le ferais et je ne la vis jamais. Je ne comprenais pas du tout cela jusqu'à ce que tout à coup (avec quel désarroi je laisse imaginer mon lecteur) je m'aperçoive que j'avais suivi les traces d'un ours, croyant qu'elles étaient celles d'un homme.

Alarmé, je regardais autour de moi de tous côtés, scrutant chaque détail ; J'avançais un peu de côté et d'autre, puis je revenais sur mes pas, tâchant anxieusement de trouver un indice pour me diriger dans la bonne direction.

Hélas! il n'y avait aucun doute sur la vérité ; J'étais perdu au fond de la forêt, et ce qui était pire, à la tombée de la nuit !

Peu à peu, l'angoisse me desséchait la gorge et des gouttes de sueur froide me montaient au front. "Que pouvais-je faire?" Si je restais à terre, je serais exposé aux caresses fatales de quelque bête sauvage, en revanche si je grimpais sur un arbre (ce qui n'est pas très facile car il me faudrait trouver une plante grimpante assez solide pour supporter mon poids), je devrais le faire. Ne serais-je pas également exposé à l'étreinte mortelle d'un serpent ?

Plus il faisait sombre, plus ma perplexité et mon anxiété augmentaient. J'ai commencé à crier désespérément, appelant frénétiquement à l'aide avec une voix aussi perçante que je n'avais jamais rêvé de posséder auparavant. C'était mon seul et dernier espoir.

Fatigué, affamé, assoiffé et découragé, j'ai continué à crier aussi fort que je pouvais et il m'a finalement semblé qu'une voix humaine répondait à distance à mes cris sauvages. Une fois de plus, j'ai braillé de toutes mes forces, puis j'ai écouté. Oui, cela ne faisait aucun doute ; quelqu'un m'avait entendu, et avec l'acuité auriculaire du désespoir, je me tournai vers la direction du son et me dépêchai d'avancer.

Peu de temps après, je tombai sur une cabane solitaire habitée par une famille de six personnes.

Je racontai ma périlleuse aventure et on me donna de la nourriture (qui n'était certainement pas destinée aux estomacs délicats) et de l'eau, et moi, en retour, je tendis du tabac, puis, tranquille face à la nuit, avec un soupir de soulagement j'allumai mon pipe, le fidèle compagnon de mes voyages, et commença à causer avec le vieil homme, le chef de famille.

J'ai intentionnellement présenté l'aversion des Sakais pour le travail et je lui ai demandé pourquoi.

Très doucement et sans la moindre hésitation, il répondit :

"Pourquoi devrions-nous nous donner la douleur et la fatigue de travailler comme des esclaves ? La terre ne nous donne-t-elle pas, spontanément, plus qu'assez pour nos besoins sans la tourmenter avec des outils ? ".

L'argument était logique, mais j'ai souri et j'ai remarqué :

"Il ne me semble pas que la terre fournisse tout sans la travailler. Quand on veut du riz ou du tabac il faut le demander à ceux qui le cultivent".

Le vieil homme rétorqua rapidement :

" Et qu'importe ? Nous avons le droit de revendiquer parce que les deux sont cultivés sur notre sol. En abattant notre belle forêt pour en faire des plantations, nous sommes privés de gibier et de fruits ; en asséchant nos étangs, nous n'avons plus de poisson à manger ; en asséchant nos étangs, nous n'avons plus de poisson à manger ; en En cultivant notre terre, nous sommes continuellement poussés plus loin vers les montagnes, à la recherche de cette nourriture qui satisfaisait nos pères, mais l'étranger qui vient parmi nous bat le chemin que nous avons tracé avec nos pieds. une récompense, que certains de nos besoins soient pris en compte ?

En quête de nourriture pour animaux.

"Povera e nuda vai, filosofia", [6] murmurai-je en moi-même, admirant ce vieil homme ignorant et nu qui, dans les phrases rudes et brisées de son pauvre langage, résolvait avec la plus grande simplicité les questions de droits civils qu'un professeur d'université aurait trouvé compliqué et même difficile. J'ai cependant continué :

"Mais alors, si personne ne venait vers vous, parcourant vos sentiers ; si personne ne cultivait quelques bandes de votre forêt, comment obtiendriez-vous du calicot, du tabac et du riz ? ".

D'un hochement de tête, mon humble hôte s'empressa de répondre :

" L'homme ne peut-il pas vivre sans ces bagatelles ? La forêt ne nous fournit-elle pas de chair, de poisson et de volaille ? Ne produit-elle pas, pour notre usage, des racines, des bulbes, des truffes, des champignons, des feuilles comestibles et des fruits exquis ? Ses arbres ne fournissent-ils pas nous avec un abri et leur barque avec une couverture pour nos corps, quand cela est nécessaire ? Que demander de plus ?

J'étais perplexe ! Mais remarquant que mon nouvel ami avait envie de causer, ce que j'attribuais intérieurement aux effets de ce même tabac, dont il venait de nier la nécessité, mais qu'il fumait avec un plaisir évident, je détournai la conversation en lui demandant pourquoi son peuple ne se trouvait-il pas dans d'autres parties de la péninsule ?

"Nous aimons trop notre forêt et notre liberté pour quitter ces limites de notre propre gré", répondit-il placidement et avec conviction, "et lorsque, comme cela s'est parfois produit dans le passé, notre peuple a été contraint de suivre et de servir ses conquérants. ils ne rapportaient que peu ou pas de profit à leurs maîtres, car s'ils trouvaient une chance de s'enfuir vers leurs parents, ils le faisaient, et sinon, en peu de temps, ils mouraient le cœur brisé. Quant à nos enfants, nous préférions les tuer nous-mêmes. que de les laisser passer entre les mains de nos voisins. Maintenant que nous sommes protégés par les *orang putei* » (il voulait dire le gouvernement britannique), « nous et nos familles vivons plus en paix qu'avant ».

Comme submergé par des souvenirs douloureux, il devint silencieux et triste. Au bout d'une minute, il reprit d'une voix sourde, semblant se parler à lui-même : « Autrefois, ces régions n'étaient pas si désertes, et des villages peuplés et prospères étaient disséminés dans la forêt. Mais notre tranquillité et notre bien-être excitaient l'envie. d'autres tribus qui voulaient nous soumettre à eux et nous faire travailler comme des esclaves, alors ils sont venus contre nous armés, et ont pillé, brûlé et détruit tout ce qui nous appartenait. Nous avons été dispersés et obligés de vivre dans des cabanes isolées érigées au plus près. endroits inaccessibles afin de ne pas attirer l'attention des autres hommes".

Il fit une nouvelle pause puis ajouta :

"Nous n'avons plus rien à perdre maintenant, sauf notre liberté qui nous est plus précieuse que la vie elle-même, et pour cela nous sommes prêts à nous battre jusqu'au bout, même si nos corps sont laissés au sol pour que les bêtes et les oiseaux se nourrissent".

Une lumière féroce alluma les yeux du vieux Sakai, ce qui augure du mal pour quiconque tenterait de perturber la quiétude de leur vie actuelle et décousue. Et j'ai compris combien ces gens inoffensifs étaient plus forts dans leur dispersion que lorsqu'ils étaient regroupés en villages. Si les agresseurs attaquaient ces cabanes solitaires, ils trouveraient leurs propriétaires prompts à répondre à l'attaque avec toute la férocité des bêtes sauvages et même si personne n'était sauvé du massacre pour annoncer la terrible nouvelle dans d'autres campements, l'alarme aurait été donnée par le bruit. des armes à feu et des cris. En conséquence, les autres Sakais détruiraient immédiatement tous les signes de leur habitation et pénétreraient plus loin dans la forêt qui, pour eux, n'a aucun secret caché. Vers la nuit, ils rampaient parmi les hautes herbes jusqu'à ce qu'ils trouvent l'ennemi qui nous servirait de cible pour leurs flèches empoisonnées. Même si leurs ennemis connaissent bien l'usage du fusil et du revolver, ils seraient désavantagés, car ces armes révèlent la position occupée par ceux qui tirent, mais le dard mortel s'envole de l'obscurité, laissant l'endroit d'où il vient incertain.

Rien de plus désastreux en matière de guerre qu'une attaque aux flèches empoisonnées, au milieu de la forêt, pendant la nuit. Vos hommes tomberaient à droite et à gauche sans avoir pu se défendre d'aucune manière.

J'ai ensuite demandé au vieil homme de me parler de leurs coutumes en matière de mariage et d'organisation familiale.

"En vivant ainsi séparés", dit-il, "chaque famille par elle-même, sans être soumise à aucun chef ni autorité, si ce n'est celle de l'Aîné (qu'il soit père ou grand-père), notre paix est garantie. Il n'y a pas de querelles, il y a pas de jalousie ni de rancune, car tous sont égaux, tous vivent de la même manière et chacun partage ce qu'il peut posséder entre les autres, pour qu'il n'y ait pas non plus d'injustice".

J'ai objecté que cette égalité parfaite ne pouvait exister parce que les mêmes droits et devoirs dans l'économie domestique ne pouvaient pas s'appliquer de la même manière aux membres sains et forts de la famille qu'aux membres faibles et malades. Mais j'ai dû répéter mon idée de diverses manières avant que le Sakai n'en comprenne le sens, puis il s'est exclamé :

" Ah, je suppose que vous parlez d'une sorte de difformité, ou de défaut. Chez nous, il est si rare de trouver l'un ou l'autre qu'il serait difficile pour un Sakai de comprendre quand vous parlez d'hommes différents de lui par leur forme. ou de robustesse. Si cependant le Malin Esprit fait naître un de nos enfants déformé, ou avec un défaut, il est traité avec les soins nécessaires à son état mais il ne peut transmettre son infirmité aux autres car, d'abord nos coutumes l'y obligent. mener une vie de chasteté, et deuxièmement, aucune femme de notre tribu ne consentirait à une union avec lui".

Oh, Lycurgue, pensai-je, tes sages lois ont ici, parmi les sauvages, une application moins brutale. Pour celui qui meurt sans amour (et comme les Sakais ne sont pas livrés aux passions fortes et sont chastes par nature, ce n'est pas un très grand sacrifice) beaucoup sont sauvés du malheur et toute une race préservée de la dégénérescence.

Le vieil homme ayant parlé du mauvais esprit, je demandai brusquement qui pouvait être cet être tant redouté.

"Il possède toutes choses", répondit-il en baissant la voix comme s'il avait peur d'être entendu. "Il est dans le vent, la foudre, le tremblement de terre, il est dans les arbres et dans l'eau. Parfois il entre dans nos cabanes et fait mourir quelqu'un; alors nous enterrons nos morts très profondément sous terre, leur laissant de la nourriture et les leurs. propriété, et nous fuyons, car il est dangereux de rester sous le regard de l'Esprit".

Terminé notre conversation, dont j'ai cherché à vous donner une traduction fidèle, quoique le Sakai s'était exprimé dans les phrases courtes et monotones propres à sa langue, rare en mots et en verbes, nous nous préparâmes à suivre l'exemple de l'autre. des membres de la famille de mon hôte qui s'étaient endormis pendant notre conversation tranquille. Mais avant de fermer les yeux, je repassai en mémoire les théories exposées par le vieux forestier, et j'y trouvai une si juste expression de rectitude, de logique simple mais forte, d'esprit et d'intelligence que je ne pus qu'admirer et approuver.

Un Sakai métis.

Je me demandais si la philosophie du savant n'était pas inférieure à celle de ce sauvage, qui considérait l'existence comme limitée à la satisfaction des besoins matériels, sans se torturer sur des besoins imaginaires et sans consommer quotidiennement nerfs, muscles, cœur et cerveau. lutter pour ce dont il pouvait se passer ? Et je me demandais si dans cette parfaite inertie, dans cette immunité de tout sentiment de sensualité, de haine, d'ambition ou de rivalité, ne devait-il pas être mille fois plus heureux que nous, dans la société civilisée, qui cherchons fortune et satisfaisons nos caprices, nos folies, dans le au milieu d'excitation et d'émotions fortes, vivant dans une fièvre continuelle de suspicion, de jalousie et d'envie, accumulant peut-être des richesses mais flétrissant l'âme qui ne peut jouir même pendant un jour de la bénédiction suprême de la sérénité ?

Ce qui est plus proche de la vérité (me disais-je), celui qui se met en rapport avec la nature comme l'un de ses descendants recevant toutes les nécessités de la vie directement de ses réserves infaillibles et s'abaissant ainsi à l'état du plus humble d'entre elle. créatures, ou nous qui nous soucions de construire un modèle de perfection, un mannequin, que chacun veut habiller à sa manière, avec ses propres vertus ou ses propres défauts ?

"Un esprit satisfait est un festin continu". Cet adage s'est vérifié en la personne du vieux Sakai. Ennemi de tout progrès, il se conformait logiquement à son environnement et limitait ses désirs à ce qu'il était sûr d'obtenir.

Mais nous qui, dans notre civilisation, avons faim et soif de progrès, pourquoi prêchons-nous continuellement ce proverbe à nos jeunes et le leur expliquons-nous à chaque occasion possible ?

C'est peut-être parce que partout nous rencontrons de dures contradictions présentées par ceux qui, avec toute leur étude, tentent de concilier le vrai avec l'absurde pour faire accepter le second en hommage au premier, et ils utilisent cette maxime pour leurs propres fins et pour profiter des autres, alors que ce sauvage, élevé dans les bras maternels de la Nature (qui donne et prend, produit et cause sans tromperie ni changement) était en lui-même si satisfait de ce qu'elle fournissait et ordonnait qu'il n'eût pas été nécessaire de lui faire apprendre de ses lèvres un précepte sorti spontanément de son cœur.

Mon aimable lecteur haussera peut-être les épaules à la seule idée que j'aie la volonté de philosopher si tôt après une si terrible aventure. Eh bien, j'avoue que je n'avais pas envie de le faire après un autre qui était encore plus effrayant.

J'avais quitté ma cabane dans l'après-midi pour aller inspecter les travaux d'une route que je faisais tracer près d'un petit village Sakai, situé au pied d'une montagne. Arrivé sur place, j'appelai fort, comme c'était mon habitude, pour donner les ordres nécessaires ; Mais personne n'a répondu. Je me demande ce que cela signifiait. Je suis descendu vers le groupe de huttes que j'ai trouvé vides et à moitié détruites. Je supposais que la Mort avait frappé un des habitants et que les autres, selon leur habitude, avaient abandonné ici leurs habitations pour en ériger de nouvelles loin du lieu visité par le mauvais esprit.

Cette découverte me contrariait et me mettait plutôt mal à l'aise, car le soleil allait bientôt se coucher et on ne pouvait espérer aucun bien d'une marche de plusieurs kilomètres à travers la forêt, seul et sans lumière.

Une réunion pour célébrer le couronnement du roi Édouard VII.

Je suis remonté en toute hâte vers ma position précédente afin de retrouver le chemin par lequel j'étais venu. Le ciel s'assombrissait rapidement avec la danse frénétique de lourds nuages noirs et il ne fallut pas longtemps pour qu'ils ouvrent leurs écluses et que la pluie tombe en torrents parfaits, accompagnée d'éclairs éblouissants.

J'avançai du mieux que je pouvais mais sous mes pieds des rivières d'eau se formèrent rapidement, ce qui effaça toute trace et me fit perdre mes repères, tandis que la peur de me perdre à nouveau commençait à me troubler.

Je ne tardai pas à comprendre que mon inquiétude était justifiée, car entre-temps la nuit était tombée et ni les éclairs ni mes allumettes ne servaient à me montrer la route que je devais suivre.

Puis j'ai été saisi de cette terrible angoisse que j'avais éprouvée l'autre fois et qui a un effet si terrible sur l'esprit qu'elle rend incapable même de penser.

Je me suis tourné d'un côté et de l'autre sans aucune idée de ce que je cherchais.

J'ai trébuché sur les hautes herbes et j'ai roulé plus d'une fois dans un creux plein d'orties et d'épines, qui me piquaient et me grattaient horriblement le visage et les mains. Cependant, je m'en sortis presque aussitôt, animé par un fougueux instinct de conservation, et arrachant de ma chair les épines qui me faisaient le plus mal, je recommençai, taché de sang et énervé, à tâtonner dans l'obscurité.

Lors d'une de mes chutes, j'ai senti une énorme bête galoper sur mon corps. Qu'est-ce que c'était? Je pensais que ce devait être un sanglier.

Je restai là quelque temps au sol, piqué et épuisé. Ma force et mon énergie semblaient diminuer à chaque minute et la pensée folle et désespérée me traversa l'esprit de ne plus bouger mais de rester là sous la pluie en attendant la mort ou la lumière du jour.

Des grands arbres tombaient sur moi des coquilles, des coques et des fruits, les restes du festin que les singes faisaient sur les branches épaisses qui les abritaient des intempéries, et de loin venait un bruit sourd et sourd comme le grondement profond. qui précède souvent les tragédies de la nature.

La vie dans la jungle m'avait appris ce que signifiait ce rugissement effrayant. Cela a été causé par les cris de milliers de bêtes sauvages, sortant de leurs tanières et se précipitant vers la convention sanglante qu'elles tiennent chaque nuit.

Cela m'a donné la force de faire un effort suprême. Je me levai et m'avançai en titubant, ne sachant où j'allais et ne me fiant qu'au hasard.

Mais à la fin, j'ai été obligé de me croire perdu et tout espoir d'échapper à mon horrible sort m'a abandonné. Je ne pouvais plus crier mais cela aurait été inutile, car le vacarme toujours croissant aurait empêché les autres, et moi, d'entendre autre chose. J'ai réussi à m'appuyer contre un rocher et, avec toute la force qui me restait, je m'y suis accroché d'une main tandis que de l'autre, j'ai relevé le col de ma fine veste de lin et j'ai essayé de me couvrir le visage.

Ai-je fait cela pour ne pas voir le danger approcher et le destin inévitable qui me rattrapait rapidement ? Je ne sais pas; Je me souviens seulement de l'acte, mais pas de la pensée qui l'a provoqué.

Quoi qu'il en soit, que je le veuille ou non, j'ai tout vu.

À proximité, de gros champignons phosphorécents illuminaient l'obscurité de leurs faibles et effroyables lueurs.

Le tumulte, la dispute, le piétinement semblaient toujours plus forts et plus proches. C'était comme l'avancée d'une multitude infinie de démons et de mauvais esprits.

De terribles fracas, des rugissements furieux, des hurlements sauvages et de formidables cris félins commencèrent à parvenir distinctement à mon oreille. J'aurais juré que tous les habitants les plus féroces de la forêt avaient accepté de se retrouver près de moi. Cette conviction était-elle l'effet de la terreur qui s'était emparée de moi ou était-ce un fait horrible ?

Deux orbes brûlants traversèrent la nuit et un cri surnaturel fit à nouveau sursauter mon pauvre corps, bien que raidi par l'horreur.

Un tigre était là, peut-être à 50, peut-être à 20 mètres de moi !

J'essayai faiblement de nouveau de cacher mon visage ; il serait préférable que la mort survienne subitement plutôt que de compter les instants de sa venue.

Je me reculai sous le rocher, m'y accrochant de ma main gauche dont les nerfs, les muscles et les ongles s'étaient transformés en acier sous la suprématie de la terreur.

Quelques minutes de suspense cruel et haletant....

J'étais vaguement étonné de me retrouver encore en vie : il y avait deux tigres et ils hurlaient diaboliquement un duo d'amour. Qui n'a pas ressenti un frisson lui parcourir le dos lorsque, blottis dans un lit bien chaud, le silence de minuit a été brisé par deux chats amoureux sur le toit ou dans la cour qui mettent à l'épreuve leur puissance vocale et la patience de leur auditeur. ? Imaginez alors être figé contre une pierre mouillée pendant que deux tigres expriment leurs sentiments d'amour dans un langage à peu près le même, mais dans des tons proportionnés à leur taille !

Dans la ferveur de leur passion, remarqueraient-ils le délicat repas préparé pour eux en ma personne ?

Non loin de là, l'implacable *sladan* hurlait sauvagement. Était-il trop en route vers mon lieu de martyre ?

Ma lente torture, sous la pâle lueur des champignons phosphorescents, a dû durer des heures, mais je n'avais plus la perception du temps ni du péril. Seule la peur effroyable de la chair me maintenait fermement accroché au rocher sans faire le moindre mouvement.

Je ne savais pas quand les tigres s'en allaient ni quand l'énorme multitude de bêtes de proie battait en retraite.

La première sensation que j'ai eu d'être en vie, c'est lorsque les deux hérauts du matin, le *cep plôt* et le *cep riò* , ont annoncé avec leurs notes de musique l'aube d'un autre jour.

Puis j'ai remué. Mes membres étaient engourdis par cette longue immobilité et par le froid d'autant plus intense que la pluie d'abord et la rosée ensuite m'avaient trempé jusqu'aux os.

Je tremblais de fièvre et, affaibli par mon long jeûne et les frayeurs que j'avais traversées, je savais à peine comment m'éloigner de cet endroit où j'avais enduré tant d'heures d'agonie, et pourtant il me fallait bouger aussi vite que possible. dès que possible.

La jungle était animée de voix gaies ; toutes les créatures inoffensives et innocentes qui peuplaient sa région hospitalière saluaient le nouveau jour avec de bruyantes acclamations, et leur joie trouvait un écho en moi, car sa lumière mille fois bénie me montrerait mon chemin vers la sécurité.

J'appris ensuite que ma malchance m'avait guidé vers un rocher, près d'une source d'eau chaude, où les rois, les reines, les princes et les princesses de la forêt avaient l'habitude de faire leurs soirées !

J'ai dû me reposer quelques jours avant de me remettre des chocs physiques et moraux de cette terrible nuit et pendant quelque temps après, je me suis fait accompagner par mon fidèle petit Sakai dans mes tournées d'inspection autour de Perak, car avec lui il n'y avait aucune crainte de se perdre. .

Trois types de Bretak Sakais tatoués.

Un jour, nous arrivâmes jusqu'au sommet du Berumbum où nous passâmes la nuit parmi quelques familles qui s'y étaient réfugiées. J'ai été enchanté par le ciel étoilé, l'air calme et la température douce que je trouvais à cette hauteur et qui faisaient voyager mes pensées à travers les océans et les continents jusqu'à la mer qui reflète ma Ligurie. Là-haut, le silence nocturne n'est pas troublé par les cris sanguinaires des bêtes sauvages, et après avoir été si longtemps endormi par leurs clameurs lointaines, et surtout après les vives émotions que j'avais éprouvées tout récemment, ce calme profond devait s'installer. moi si plein de suggestion sentimentale qu'au lieu de dormir mon esprit errait dans le passé, me rappelant avec plaisir et tristesse ces soirées de douce intimité jadis appréciées au sein de ma famille, puis nombreuses mais maintenant réduites par la mort et d'autres événements.

Quand enfin je m'endormis, je ne me réveillai que le matin.

Dès que je me levai, mon jeune serviteur Sakai prit l'oreiller que je portais toujours avec moi et commença à le secouer, mais il recula avec un cri effrayé comme un petit serpent d'environ un mètre de long, appartenant à une classe très venimeuse. , est tombé de dessous.

La chère petite bête avait dormi sur le même oreiller que moi, peut-être pour me prouver que son espèce est très décriée et que si on la laisse faire ce qu'elle veut, sans la déranger, elle ne pensera jamais à mordre. toi.

Dix familles Sakai étaient campées là-haut et je les ai toutes exhortées à descendre de cette hauteur de 5000 pieds et à s'occuper de l'agriculture, car le froid de la nuit est parfois rigoureux et les pauvres doivent en souffrir, car ils n'ont pas de vêtements. pour les garder au chaud.

Mais toutes mes persuasions furent vaines.

Je repris mon chemin et il devait être environ dix heures du matin lorsqu'au loin un vieil homme qui, d'après ce que je pus comprendre du demi-crépuscule de la forêt, me fit des signes d'amitié.

Je m'approchai de lui et vis que là où il se trouvait, il y avait autrefois un village mais que son aspect désormais misérable contrastait étrangement avec les richesses de la nature qui l'entourait.

L'habitant solitaire de cet endroit abandonné et délabré nous a offert quelques fruits et je lui ai demandé la raison des huttes délabrées et de la désolation générale. Il m'a dit avec tristesse que le village avait été dévasté par des ennemis armés. "Beaucoup de mes frères ont été tués et beaucoup d'autres ont été emmenés comme esclaves et les autres ont fui vers des régions plus sûres et plus inaccessibles, mais je n'ai pas trouvé dans mon cœur la force d'abandonner cet endroit où je suis né, où j'ai grandi. ... ".

C'était en effet un sentiment étrange pour quelqu'un dont les gens mènent pour la plupart une vie errante, soit par habitude, soit par superstition !

Des ennemis armés ! et qui étaient-ils ? Certes, ils appartenaient à la racaille des peuples voisins dont j'ai déjà parlé. Des hommes qui, bien qu'englobés de toutes parts par la civilisation, restent néanmoins non civilisés ; des hommes qui, rejetés par leurs compatriotes honnêtes et travailleurs, font de la forêt libre un champ pour leurs viles passions, et maintenant qu'ils ne peuvent plus donner libre cours à leurs mauvais désirs dans la déprédation et l'effusion de sang, à cause des mesures sévères prises par le gouvernement, continuer à nuire aux pauvres Sakais de nombreuses manières odieuses et insidieuses sans toujours attirer sur leurs têtes le châtiment qu'ils méritent.

Qui étaient-ils? Qui sont-ils? Des délinquants par nature, comme on en trouve dans la plupart de nos grandes villes ; des gens nés avec des instincts sauvages ; des hommes qui préfèrent passer leurs journées au milieu du vice et de la corruption ouverte plutôt que de vivre une vie d'honneur et d'opulence.

Aucun de ces délinquants ne se rencontre dans les tribus Sakai de pure race, on peut cependant les rencontrer parmi les habitants de la plaine où règne un mélange de races, résultat de ces unions forcées qui furent le désespoir des femmes Sakai lorsqu'elles furent capturées. les prisonniers. Chez les enfants nés de ces unions, on retrouve souvent l'impulsion naturelle à la violence et au vol qu'ils ont héritée de leur père.

J'en ai moi-même eu la preuve.

En tant qu'inspecteur, je passais souvent d'un campement à l'autre, tantôt en plaine, tantôt en montagne, et je faisais fréquemment ces brefs voyages seul, car les sentiers étaient très fréquentés.

Il se trouve qu'un jour je m'étais arrêté dans la cabane d'un de ces métis - où se trouvaient plusieurs vrais Sakais venus de leur jungle pour échanger des produits - et à mon retour je fus rattrapé par un de mes bons amis. qui m'a proposé de m'accompagner pour un petit trajet.

Pendant que nous marchions ensemble, j'ai remarqué qu'il procédait avec une grande prudence et qu'il regardait autour de lui avec méfiance. Tout à coup, il m'attrapa par le bras et me montra un bâton planté en terre juste devant, d'où pendaient quelques feuilles. Comme je ne comprenais pas son acte, il s'avança d'un pas ou deux et me montra un piège bien caché, tendu d'un dard empoisonné.

Il avait été fixé en travers du chemin et j'aurais assurément chuté dessus, si mon compagnon ne m'en avait empêché. Il a simplement dit qu'il avait dû être préparé pour le match et m'a quitté peu après.

Mais plus tard, j'appris qu'il ne m'avait pas dit la vérité en disant cela, car le piège avait été tendu là, exprès pour moi, par le méchant bâtard dans la cabane duquel je m'étais arrêté, et dont j'ai ensuite pu prendre la photo et ici présenté à mes lecteurs.

Cet homme n'avait pas la moindre raison de m'en vouloir mais il était animé par cet esprit de haine qui pousse tous les malfaiteurs à essayer de se débarrasser de ceux qui pourraient être un obstacle à leur mauvaise vie et sachant que j'avais l'intention de le faire. En revenant quelques jours plus tard, il avait posé là le piège pour me tuer. Cependant, il était si content de ce qu'il avait fait qu'il ne pouvait pas garder le secret pour lui, et sa femme (une pure Sakai), après l'avoir entendu, a envoyé mon ami dans une embuscade et m'a ainsi sauvé.

Si cela avait été découvert à ce moment-là, le misérable aurait probablement payé son péché de sa vie.

À partir de cet épisode, il est facile de voir la différence entre un Sakai de race pure et un Sakai métis ; le premier risquera sa vie pour empêcher un crime froidement prémédité par le second.

Quelque chose du même genre m'est arrivé une autre fois, alors que je rentrais seul dans ma cabine.

A Tapah, on préparait la célébration du couronnement du roi Édouard VII et moi, en tant qu'officier colonial de Sa Majesté, me sentais naturellement intéressé par les débats et il me semblait juste qu'une représentation de mes amis les sauvages, qui étaient sous mon administration, devraient m'accompagner en ville pour l'occasion. J'avais donc été auprès du plus grand nombre possible pour leur dire d'être prêts à me suivre chaque fois que je leur donnerais un préavis.

Vers le soir, j'allais tranquillement, un peu fatigué de ma longue marche, et écoutant les jolis chants de bonne nuit des oiseaux, lorsque je fus tout à coup touché au ventre par une flèche empoisonnée, tirée par une main inconnue. Conscient du terrible pouvoir des venins de la forêt, je me croyais perdu et je l'aurais sans doute été ainsi si la fortune ne m'avait pas envoyé de l'aide. J'étais en train de presser énergiquement la blessure lorsqu'un de mes fidèles Sakais est arrivé. En entendant ce qui s'était passé, il s'est exclamé :

"C'est l'œuvre d'un *Mai-Gop* , car une de nos fléchettes vous aurait traversé de part en part, et d'ailleurs aucun de nous ne vous ferait de mal parce que vous êtes bon envers nous".

Le gentil garçon a sucé ma blessure et a su, à sa couleur rouge-noir, que le poison utilisé était un mélange de jus *de legop* et *d'ipok* , le plus mortel dans son effet.

Me précipitant vers le village, il avait en quelques instants préparé un antidote en mélangeant une pincée de chaux et de charbon en poudre puis en l'humidifiant avec l'urine de son petit garçon.

Il lava soigneusement la plaie avec cette lotion étrange, la fit bien pénétrer, et me recommanda de ne pas y toucher.

Je l'ai laissé faire comme il voulait, car il n'y avait pas de meilleur remède à ma connaissance, même si j'avais peu ou pas confiance dans le mélange.

J'ai beaucoup souffert pendant quelques jours, mais enfin la blessure (qui avait toutes les conditions pour être mortelle) a guéri. Ce fait était-il dû aux mérites de la chaux, du charbon ou de l'urine ?

Laissons les disciples d'Esculape décider !

On apprit peu de temps après que j'avais été victime d'un de ces individus mal intentionnés qui viennent au monde avec la criminalité inscrite sur le front.

Mais pour celui qui bénéficie de la dévotion et de l'affection des humbles et des bons, la haine des malfaiteurs n'est-elle pas une chose dont on peut être fier ?

Ainsi, en 1901, j'ai été invité par le résident britannique (en ma qualité de surintendant des Sakais) à participer aux festivités en l'honneur de l'ascension du roi Édouard VII au trône.

Comme je l'ai déjà dit, j'avais pensé que ce serait bien d'emmener avec moi un petit groupe de mes amis de la forêt et mon désir s'est si bien réalisé que le moment venu, j'ai rassemblé autour de moi environ 500 hommes, femmes et enfants, appartenant à différentes tribus. , et avec cette troupe de partisans je descendis à Tapah.

Ici l'accueil réservé à ces pauvres habitants de la Jungle fut d'une exceptionnelle bonté, et ils à leur tour s'efforçaient volontiers de satisfaire la curiosité qu'ils excitaient et étaient très heureux de montrer l'effet de leurs puissants venins sur les oiseaux qu'ils frappaient avec une puissance remarquable. dextérité, en vol.

Les hommes montraient leur habileté à frapper la cible avec leurs dards et à gravir avec succès le poteau graisseux, et les femmes faisaient preuve de leurs talents musicaux en jouant de leurs *ciniloi* .

Ils gagnèrent ainsi beaucoup de dollars et furent comblés de cadeaux et d'attentions de la part des dames et messieurs anglais résidant à Tapah.

Les femmes furent invitées à se rendre au stand réservé à l'Autorité et revinrent avec des colliers et des colliers de perles colorées, qu'elles admirèrent avec une joie enfantine.

Je n'étais pas beaucoup moins content de la bonne impression que mes simples amis faisaient par leur conduite aimable et leurs manières modestes.

Notes de bas de page :

[6] "Philosophie, tu vas pauvre et nu". Il s'agit d'une citation du poète italien Pétrarque. *Note du traducteur.*

CHAPITRE IX.

L'origine des Sakais — Hypothèses et légendes — Caractère physique — Tresses épaisses , fleurs gaies et invités gênants — Antipathie héréditaire — Les cinq sens réduits à deux — Nourriture et boisson — Vie tranquille — Intolérance envers l'autorité— Belle - mère et belle-fille — Paresse logique — Un journaliste de Sakai — L' histoire d'un matelas.

Paolo Mantegazza, le poète scientifique écrit :

"L'homme se tourmente éternellement avec des questions sans réponse : d'où vient notre espèce ? Quand cette vie a-t-elle commencé ?

"C'est là son véritable péché originel, comme c'est aussi la source de sa vraie grandeur. Il n'est qu'un seul maillon d'une chaîne sans fin ; il n'est qu'un instant imperceptible enfermé dans un Passé qu'il ne connaît pas et un Avenir qu'il ne connaît pas. ne verra jamais. Mais il ressent le besoin de regarder en arrière et de se demander : où avons-nous commencé ? Et de regarder en avant, en se demandant : où allons-nous finir ?

Moi aussi, j'ai souvent formulé à peu près les mêmes exigences, non pas à mon égard, car je n'ai aucun penchant pour les réflexions métaphysiques, mais à l'égard des Sakais qui m'ont inconsciemment posé un problème difficile à résoudre : qui sont-ils ? D'où venaient-ils ?

Il n'y a absolument rien qui en parle, et en l'absence de faits positifs on ne peut se rabattre que sur de simples hypothèses, plus ou moins probables, jusqu'à ce qu'une enquête précise sur l'origine de ce peuple primitif puisse nous présenter une théorie convaincante. .

Mais pour faire ces études il faudrait vivre parmi eux (et peu de gens pourraient s'adapter aux divers inconvénients d'une telle vie) car le Sakai vivant n'abandonne jamais sa forêt natale et en possède une morte pour cela. serait quasiment impossible, car celui qui tenterait d'emporter un cadavre s'exposerait à un grave danger, il n'y a pas de plus grand sacrilège, selon l'idée de ces bushmen, que celui de toucher un cadavre ou de creuser le sol là où un squelette ment.

Il ne semble donc y avoir aucune chance d'arriver à une conclusion définitive sur le sujet.

On croit généralement qu'autrefois un peuple, appelé Benuas, ne voulant pas se soumettre aux lois qui lui étaient imposées par l'Inde alors florissante et civilisée et craignant de tomber en esclavage, avança à travers l'Indochine jusqu'à atteindre la péninsule malaise. Ici aussi, ils se trouvèrent poursuivis et entourés par la civilisation ; aussi, au lieu de s'installer autour des rivages riches et souriants, ils se tournèrent vers la forêt et y campèrent. Cette version de leur immigration expliquerait que les Sakais n'aient pas la moindre idée de la mer dont ils ne parlent jamais, pas même dans leurs légendes ou superstitions.

Fuyant tout contact avec les autres habitants du pays qu'ils avaient choisi comme refuge, ils se cachèrent dans la jungle, préservant ainsi leur indépendance et la pureté de leur race.

Quelques siècles plus tard, à une époque de fanatisme, des invasions furent faites contre eux dans le but de les convertir au mahométisme mais le seul résultat fut le feu et l'effusion de sang et après chaque conflit, les Sakais survivants s'enfuirent plus loin dans la forêt (dans ces régions qui n'avaient jamais été détruites). déjà explorées) ou vers les forteresses naturelles des montagnes lointaines.

Si cette hypothèse est valable , les Sakais doivent être un peuple très ancien. C'est un fait reconnu que dès le 8ème siècle, les marchands arabes commerçaient avec les habitants de la péninsule et qu'il existait des relations très lointaines entre ceux-ci et l'Hindoustan, et bien qu'il n'y ait aucune preuve substantielle, aucune analogie de langue, de coutumes ou de croyance. sur lequel fonder une telle conjecture, rien n'a encore été prouvé du contraire, tandis que de nombreuses superstitions primitives répandues parmi les Sakais se retrouvent encore dans d'autres tribus vivant à proximité des croyants en Bouddha et en Brahma.

Une autre légende, entretenue par les Kurumbus eux-mêmes, ferait supposer que les Sakais appartiennent à ce peuple autrefois grand, mais aujourd'hui morcelé et dispersé. En fait, même à l'heure actuelle, il existe de nombreuses chansons populaires parmi les Malais dans lesquelles les Kurumbus et les Sakais sont mêlés.

Le Dr Short, dans ses études ethnologiques de l'Inde, décrit certains caractères et habitudes des Kurumbus, habitant la forêt, qui coïncident parfaitement avec celles qu'on rencontre chez les Sakais.

Je veux parler de celles qui concernent la physionomie, la structure et la stature, le mode primitif de cultiver le blé, le choix des aliments et l'imprévoyance manifestée dans l'alimentation, avec pour conséquence que la carence succède à l'excès.

Bien entendu, ces points de similitude ne prouvent pas que les deux peuples soient de même origine mais ils donnent à la question une certaine valeur argumentative.

Ce qui me paraît sûr, c'est que les Sakais n'ont rien de commun avec les Malais ni avec les diverses autres races qui les entourent. Cela est peut-être dû aux contacts qu'entretiennent ces derniers entre eux, ce qui entraîne une modification des coutumes, des traditions et de la pureté du sang. Je trouve cependant de nombreux traits qui les rattachent aux races mongoles et caucasiennes (Indiens et Sémites) et il y a chez eux beaucoup de choses qui ressemblent à d'autres peuples vivant en Indochine et en Inde.

Il faut bien comprendre cependant que je ne parle que des Sakais des collines et non de ceux des plaines qui ont dans une large mesure perdu les caractères qui devraient les distinguer par leur mélange avec les Kampongs, les Malais et les Ghedes chinois.

Mais laissons maintenant de côté toutes les vagues suppositions que, pour plusieurs raisons, j'ai cru devoir évoquer (la moindre n'étant peut-être pas la moindre étant peut-être le besoin que nous ressentons tous d'enquêter sur le passé de notre prochain), et examinons plutôt le Sakai tel qu'il est. au 20ème siècle.

De toute évidence, il n'a pas perçu la disparition de dix-neuf siècles ou plus, car ils ne lui ont laissé aucun héritage.

Le Sakai est donc un peu petit, mais suffisamment robuste et bien formé, sauf dans les membres inférieurs qui lui donnent des jambes légèrement arquées.

La cause de cette légère déformation se trouve dans l'habitude qu'ils ont, dès leur plus tendre enfance, de s'asseoir pour ainsi dire sur leurs talons, laissant ainsi les genoux bien écartés.

Cette posture n'est cependant pas une particularité des habitants de la jungle car j'ai souvent vu des Italiens dans la même position, mais ces derniers s'appuient leurs épaules contre un arbre ou un mur pour s'appuyer afin que les jambes soient moins sollicitées.

Lorsqu'ils mangent ou écoutent quelque chose qui les intéresse, les hommes et les femmes Sakai resteront des heures entières dans cette attitude sans manifester la moindre fatigue.

Leurs pieds sont plutôt grands et bien cambrés. Le gros orteil est bien séparé des autres et est très fort.

Les muscles de leurs bras ne sont pas très développés et ces membres sont parfois trop longs par rapport au reste du corps. Leurs mains sont également très longues et fines. Les muscles de la poitrine, au contraire, sont très bien développés, probablement en raison de l'habitude continuelle de grimper aux arbres, aux rochers, aux failles, etc., à la recherche de nourriture ou pour tout autre motif que leur vie nomade peut rendre nécessaire.

Dans l'ensemble, la silhouette du Sakai ne révèle pas une grande vigueur, peut-être parce qu'il est généralement mince et qu'il est ce qu'on pourrait appeler ventru, en raison du type de nourriture qu'il mange et du froid dont il souffre pendant la nuit, mais il est beaucoup plus robuste et plus grand (la taille moyenne d'un adulte est d'un peu plus d'un mètre et demi) [7] que les autres tribus et races autour de lui qui sont en rapports étroits avec la civilisation. Ce fait ferait presque croire que la civilisation nuit au développement physique de l'individu.

Ces Aborigènes sont doués d'une agilité merveilleuse, comme on le voit lorsqu'ils gravissent certaines fentes que nous jugerions impossibles à gravir et aussi lorsqu'ils sautent d'une partie à l'autre avec une agilité qui pourrait exciter l'envie de nos meilleurs gymnastes.

Ils n'ont pas beaucoup de force musculaire, comme je l'ai dit, mais ils n'ont pas leur pareil pour supporter la fatigue, surtout dans le cas des longues marches, auxquelles ils sont bien habitués, car chaque jour ils marchent environ 20 milles, portant sur leurs épaules le ce n'est en aucun cas un produit léger de la chasse, avec les diverses racines et bulbes qu'ils trouvent dans la forêt, ainsi que leurs indissociables sarbacanes et leurs carquois bien remplis.

Ils résistent aussi très bien aux privations auxquelles ils sont parfois soumis par leur propre imprévoyance. Tout ce qu'ils rapportent avec eux, ils le mangeront immédiatement, que ce soit de la nourriture animale ou végétale, et lorsqu'ils ne peuvent pas le finir eux-mêmes, ils invitent les gens d'un autre village ou d'une autre tribu à venir les aider à le dévorer, en riant à chaque idée de l'économie intérieure que j'ai vainement essayé de faire comprendre à leurs esprits.

Mais ont-ils tort, après tout ? Ils savent avec certitude que la forêt ne les laissera pas mourir de faim et quand il n'y a plus de riz, de durian, de mangoustan, etc., il n'est jamais difficile d'attraper un faisan, un singe, un rat, un serpent ou même un sanglier.

S'ils connaissaient les opéras italiens, leurs répliques préférées seraient certainement :

Je ne suis pas curieux de l'incerto domani
Se quête' oggi n'è dato goder. [8]

et leur choix serait approprié, car où d'autre pourrait-on se souvenir aussi bien des Borgia que dans un pays célèbre pour ses poisons ?

La peau des Sakais est d'une couleur entre l'ocre clair et l'ocre brûlé, la teinte s'assombrissant à mesure qu'ils vieillissent (en conséquence de leur longue exposition au soleil), période à laquelle tout le corps devient rugueux et ridé. Les enfants sont d'une couleur beaucoup plus claire jusqu'à ce qu'ils commencent leur vie en plein air.

Un autre.

La femme, en tant que type, diffère très peu de l'homme. Elle est un peu plus petite comme c'est le cas de toutes les races mongoles pures et mixtes.

En tant que fille, elle a une forme arrondie et n'est pas dénuée de grâce. Tant qu'elle est en bonne santé et épanouie, elle peut être considérée comme une beauté... dans la forêt, mais elle se fane vite à cause de la vie fatigante qu'elle mène et aussi à cause de son mariage précoce, car elle est déjà épouse lorsque notre les filles sont au début de leur adolescence.

Les garçons sont généralement de petits gars robustes et en bonne santé.

La tête du Sakai est de forme et de taille régulières comme celle de la race mongole ; cependant les pommettes sont moins saillantes que celles des Tartares et les yeux sont plus ouverts et moins obliques.

Le front ne recule ni ne dépasse et est suffisamment haut et spacieux. Le nez est large et légèrement aplati à la racine. L'angle du visage mesure à peu près le même que celui des Chinois.

La bouche, bien découpée et pas trop grande, aux lèvres assez épaisses, serait embellie par deux rangées de dents saines et régulières si celles-ci n'étaient pas aussi noircies par la mastication constante du tabac, de la noix de bétel et du sirih.

Le menton est pointu.

Tous les traits, en effet, sont très marqués et les mâchoires sont un peu saillantes mais la physionomie n'est pas désagréable et porte une expression de franchise et de bonté qui gagne vite la sympathie.

La tête est couverte d'une riche et croustillante pousse de poils très noirs, mais peu de poils sont visibles sur le visage ou le corps. Ces rares, dont l'apparence serait saluée avec enthousiasme par nos jeunes comme les précurseurs d'une éventuelle moustache ou barbe, sont arrachés par les Sakais pendant leur temps libre !

Un grand nombre de dames seraient très contentes de posséder les belles tresses que possède généralement la femme Sakai, mais si parmi nous une disposition artistique des cheveux est une attraction qui nous fait souvent oublier les moindres charmes du visage, les mèches corbeau de ces les femmes provoquent parfois un sentiment de dégoût.

Ils ne prennent pas le moindre soin de cet ornement splendide que leur donne la nature ; quand ils ne laissent pas pendre leurs cheveux sales et ébouriffés sur leurs épaules, ils les attachent simplement mal avec une bande d'écorce d'upas multicolore (un remède contre la migraine) enfoncée dans des peignes grossièrement sculptés et des épingles à cheveux (des amulettes contre les maladies malignes). esprit du vent) et décorez-le de fleurs fraîches.

Mais hélas! sous ce nœud de ruban naturel, sous ces peignes et ces fleurs, il y a un petit monde d'habitants agités et la pauvre Ève primitive est obligée de se gratter furieusement la tête de temps en temps.

Et non moins furieusement l'homme se gratte aussi les siens, bien qu'il se donne beaucoup plus de peine sur ses cheveux, les peignant et les lissant afin de les diviser bien devant et d'afficher le tatouage qui distingue la raie.

Souvent, hommes et femmes se frottent la tête avec la racine finement pilée d'une plante à laquelle ils attribuent la vertu d'adoucir leurs cheveux rugueux et luxuriants et de détruire les détenus.

Même les hommes portent parfois des peignes et des épingles à cheveux.

La propreté, comme le lecteur l'aura compris à partir de l'exemple donné ci-dessus, n'est pas plus la qualité la plus élevée des Sakai que celle des autres peuples primitifs. Les pratiques hygiéniques accompagnent le progrès civil. Le bain, comme plaisir ou comme nécessité, leur est tout à fait inconnu, et ceux qui habitent dans les montagnes ont la plus grande peur de l'eau. Les torrents écumants et les cascades bruyantes qui dévalent les ravins leur ont inspiré la terreur et comme ils n'ont aucune idée de pouvoir se maintenir à flot, ils ont peur de s'aventurer près d'un ruisseau, si tranquille qu'il coule, à moins qu'il ne soit assez peu profond. pour qu'ils voient le fond.

Une beauté Sakai.

Non seulement ils n'ont aucune idée de nager, mais ils ignorent également tout autre moyen de rester à la surface de l'eau. Ils n'ont pas de canoë d'aucune sorte et lorsqu'ils veulent passer d'une rive à l'autre, soit ils jettent un énorme arbre dans la rivière pour servir de pont, soit ils contournent la berge jusqu'à ce qu'ils trouvent un point guéable et puissent atteindre la rivière. côté opposé en sautant de pierre en pierre.

Je suis heureux de dire que mes cours sur la propreté n'ont pas été complètement inutiles car beaucoup de jeunes font maintenant de temps en temps leurs ablutions, surtout les femmes, et viennent me demander du savon. Même si ce n'est pas un grand pas vers le progrès, c'est toujours mieux que rien. Les personnes âgées, bien entendu, ne voient pas d'un bon œil l'innovation du bain. Ils sont toujours sales à un degré répugnant, souillés de cendres et de terre à force de traîner autour du feu, jour et nuit ; l'odeur qui s'en dégage n'invite certainement pas à s'en approcher.

Mais leurs pères et leurs grands-pères ne se lavaient jamais et il était donc de leur devoir de suivre leur exemple douteux.

Les cinq sens chez les Sakais sont pratiquement réduits à deux car s'ils sont très rapides pour entendre et voir, on ne peut pas en dire autant de l'odorat, du toucher et du goût.

L'acuité des deux premiers tient au besoin continu qu'ils ont, en forêt, de garder l'oreille et l'œil ouverts. Pour se méfier des ennemis, ils doivent les entendre ou les voir.

La faiblesse de la faculté odorante peut s'expliquer par la mauvaise manière dont les hommes et les femmes Sakai traitent leur nez, y perçant des trous assez grands pour y passer un petit bâton de bambou, qu'ils portent, en partie pour ornement, en partie comme charme, contre Je ne sais pas exactement quel danger. Et pas seulement cela, mais ils ont l'habitude de jouer d'une sorte de flûte avec leur nez, bouchant la narine droite avec des feuilles, on comprend donc facilement le peu de sensibilité que peut avoir ce malheureux appendice du visage.

En raison de leur nudité presque complète, leur peau est peu sensible au toucher car elle est durcie et durcie par les effets du soleil, de la pluie, du froid et de la rosée, ce qui la rend aussi altérée que celle de n'importe quel vieux sel ; en outre, ils sont habitués dès l'enfance à être piqués par les insectes et les orties, à être piqués et égratignés par les épines et les ronces, et à être coupés par les brins secs et raides des hautes herbes de leur pays natal. L'habitude est une seconde nature.

Leur sens du goût déficient résulte des pratiques évoquées plus loin.

Une autre beauté Sakai.

La cuisine Sakai ne nécessite pas beaucoup d'études ou d'expérience.

La nourriture végétale dont ils disposent est composée de: patates douces, ignames, maïs, sikoi, différents bulbes et tubercules qu'ils trouvent en forêt comme nous les truffes, de nombreuses feuilles comestibles et toutes sortes de fruits, champignons, *nanka* , *guaccous* , *guà pra* , [9] etc. Le riz est un luxe importé qu'ils utilisent lorsqu'ils peuvent l'obtenir.

Voici le nécessaire pour une variété de plats, mais les Sakais ne connaissent aucune variété dans l'art culinaire et à l'exception des fruits, des ignames et des pommes de terre qui sont cuites sous la cendre chaude, le tout est mis, avec un peu d'eau. , dans des marmites faites de grosses cannes de bambou, et bouillies ensemble dans une sorte de pâte avec des morceaux de serpents, de rats, de crapauds, de lézards, de coléoptères et d'autres délices similaires pour lui donner du goût.

Le singe, le cerf, le sanglier, le mouton sauvage et tout autre gros gibier pris dans les pièges, ils se contentent de les brûler au feu, sans prendre la peine d'écorcher l'animal, puis ils le mangent presque cru.

Ils assaisonnent la viande avec du sel, quand ils en ont, ce qui n'est pas souvent, et avec un poivron qui enflamme la bouche. L'usage de ce poivron, la mastication continuelle du tabac et du bétel ont ruiné le palais des Sakais et leur ont laissé peu de pouvoir de savourer.

Le poisson est rarement vu sur les planches (j'utilise le mot au sens figuré car ce qu'il signifie n'existe pas pour eux) des tribus montagnardes pour le double motif qu'ils n'ont pas d'attirail de pêche et que leur peur de l'eau les fait éviter. autant que possible. Néanmoins, quand il y a pénurie d'autre nourriture, ils jettent du *ple-pra battu* et les poissons, d'assez grosseur, qui remontent à la surface pour le mordre sont adroitement frappés par un couteau, le Sakai échouant rarement dans sa cible.

A la simplicité de leur cuisine correspond la simplicité encore plus grande de leurs boissons qui sont en nombre singulier .

Les habitants de la forêt ne boivent que de l'eau mais ils ont besoin d'elle claire et fraîche. S'il n'est pas parfaitement pur en couleur et en goût, ils ne le boiront pas. Ils recherchent toujours une source pour étancher leur soif et approvisionner leur famille en liquide nécessaire.

Parfois, lorsque je vivais pour la première fois parmi eux, il m'arrivait de me pencher au-dessus d'un torrent ou d'un ruisseau pour boire de l'eau, mais mes compagnons protestaient avec véhémence en déclarant que cela pouvait me faire beaucoup de mal.

Ils ont peur des poisons sous toutes leurs formes, car ils sont également sujets à la contagion et seraient même effrayés si, en buvant, ils touchaient leurs bouteilles et leurs verres en bambou avec leurs lèvres. Ils sont très habiles à verser le contenu dans leur gorge sans laisser le récipient entrer en contact avec leur bouche, exploit que nous ne devrions pouvoir réaliser qu'après de nombreux essais humides.

On pourrait presque souhaiter que notre civilisation imite cette coutume hygiénique des sauvages. Combien d'infections en moins ! Combien moins de microbes qui empoisonnent le sang de nos pauvres gens !

Les Sakais ne boivent pas de lait, non seulement à cause de la difficulté de s'en procurer, mais aussi à cause d'un étrange préjugé que je n'ai jamais bien réussi à comprendre.

Une fois sevrés, ils n'avalent jamais une seule goutte de lait.

Ils ne boivent pas non plus de boissons alcoolisées pour la simple raison qu'ils n'en ont pas et ne savent pas ce que c'est.

S'ils viennent jamais à les goûter et à s'en procurer facilement, n'en auront-ils pas envie comme tous les autres sauvages ?

Dès que le repas frugal du Sakai est terminé, il se remplit la bouche de tabac, ou s'il n'en a pas, de sirih.

Se reposer du travail.

Celui-ci est composé d'une ou deux feuilles de bétel, plante qui possède une certaine vertu narcotique, enduites de chaux et enroulées autour d'un peu de tabac et d'un morceau de noix d'arec. Hommes et femmes mâchent ces chiques avec beaucoup de délectation, en recrachant le jus de temps en temps.

Les vieillards, dont le manque de dents rend la mastication presque impossible, mettent les ingrédients dans un bambou et les pilent jusqu'à ce qu'ils soient réduits à ce qu'ils considèrent comme une pâte délicieuse.

Le jeune Sakai atteint le sommet de sa vigueur vers l'âge de dix-huit ans, après quoi il connaît une brève période de stationnaire, suivie d'une chute rapide qui, je pense, doit être causée par son exposition continue aux intempéries.

La femme commence à décliner peu après son premier accouchement. De 13 à 15 ans, elle devient épouse et, deux ans plus tard, elle n'est plus que le fantôme d'elle-même. Mince et à la peau ridée, il ne reste même pas une ombre de sa fraîcheur juvénile et des atouts qu'elle avait en tant que fille.

Mais qu'est-ce que cela lui fait ? Son mari lui est fidèle, avec une fidélité qui ne connaît aucune hypocrisie ; elle est heureuse et fière de sa maternité ; elle peut encore danser et jouer des accords sur son *krob* , moduler une chansonnette plaintive sur ses *ciniloi* et chanter en battant sur ses bâtons de bambou un accompagnement qui torture les oreilles bien accordées. Pour le reste, si sa beauté s'efface vite, sa laideur ne suscite pas le moindre sentiment de dégoût chez les Sakais du genre masculin, qui ont des idées esthétiques qui leur sont singulièrement propres.

Il suffit de dire que les plus laides du sexe féminin sont les plus jolies et les plus admirées.

Je parle sérieusement.

Eux, ainsi que les hommes, ont l'habitude de se peindre de rayures et de hiéroglyphes grotesques, à l'imitation de plantes médicinales, les principales couleurs utilisées étant le rouge et le noir. Parfois ils ajoutent un peu de blanc mais très rarement du jaune.

Quand je vous dis que ces dessins étranges ne sont pas seulement la manifestation de la coquetterie ou de la vanité, mais qu'ils sont aussi faits pour effrayer le mauvais esprit, vous imaginez bien comment ils tentent chacun d'arabesquer leur peau d'une manière plus horrible l'une que l'autre, pour paraître plus laid et être plus admiré.

Combien, même dans les pays civilisés, voudraient adopter une telle manière de gagner l'admiration que leurs traits rébarbatifs ne peuvent susciter !

Une de ces créations artistiques ne peut durer plus d'une journée. Il est soigneusement gratté et remplacé.

La vie des Sakai est tranquille et sereine. Il ne passe pas beaucoup de temps à la cabane car chaque matin il part dans la forêt à la recherche de gibier et de légumes. Il est accompagné de ses garçons qui, soit s'entraînent avec leur sarbacane ou avec un bâton pointu, creusent le sol à la recherche de racines et de bulbes, soit attrapent des insectes et des reptiles pour remplir les paniers qu'ils portent sur leur dos.

Lorsque le Sakai n'est pas en train de chasser ou de rendre visite à des amis et des relations dans d'autres villages, il reste tranquillement dans sa hutte pour dormir, fumer, mâcher une bonne chique ou préparer des poisons et des flèches empoisonnées.

Il est de bonne humeur et de bon cœur et ne se dispute jamais avec sa femme. Je n'ai jamais entendu dire qu'un de ces sauvages ait battu sa femme ou ses enfants, ou les ait maltraités de quelque manière que ce soit, ni eu recours à la violence contre quelqu'un d'autre, sauf envers un ennemi déclaré ou quelqu'un qui a offensé ses sentiments et ses superstitions.

Un jour, j'ai ordonné à un enfant de faire quelque chose, je ne me souviens plus quoi, et il m'a répondu avec impertinence par un bref *non* (non). Je me suis tourné vers sa mère qui était présente et lui ai dit que le garçon devrait se faire botter les oreilles.

La femme me lança un regard mêlé d'émerveillement et d'irritation, puis me dit : « Vous êtes un méchant homme si vous vouliez blesser mon fils alors qu'il ne voulait aucun mal ! ».

Pourtant, malgré ce genre de raisonnement et la clémence manifestée envers les enfants (qui ferait se suicider un pédagogue du système éducatif), les Sakais sont honnêtes et respectueux envers leurs parents et les vieux ; ils sont affectueux dans leur famille et, pauvres sauvages ! Nous sommes encore bien loin d'un degré de civilisation tel qu'on puisse découper en morceaux une épouse contrariée ou un amant gênant et les envoyer dans une mystérieuse valise pour prendre un bain de mer ou dans un sac de boucher pour en prendre un d'eau fraîche. une rivière commode.

Mais la réponse que m'a donnée le garçon et l'approbation implicite de sa mère n'étaient que l'affirmation décisive de cet esprit de liberté indomptable qui anime le Sakai et lui fait faire ce qu'il aime mais jamais ce que les autres commandent.

En fait, même en le prenant comme guide ou compagnon de voyage, il est toujours sage de le láisser faire ce qu'il veut sans aucune interférence. Il se reposera, mangera, fumera et marchera comme bon lui semble et si vous le contredisez dans son désir, il vous tournera le dos et vous abandonnera au milieu de la forêt.

Chaque acte de sa vie révèle et marque cette manie d'indépendance. Je vais citer un cas rare. Si une belle-mère et une belle-fille ne parviennent pas à s'entendre en raison de la différence de leurs caractères, il ne se produit pas de scènes tragiques ni de petites querelles ; le jeune couple se contente de récupérer ses maigres biens, de détruire sa propre hutte et de partir en construire une autre à une distance suffisante pour éviter tout contact gênant ou la possibilité de nouveaux malentendus et de discordes.

Il en est ainsi : personne ne se soumettra à la volonté d'un autre et même en réglant une question particulière, à moins qu'ils ne soient tous du même avis, l'affaire doit être abandonnée.

Les gendres et les belles-filles aiment assez bien leur beau-père et leur belle-mère et *vice-versa* , et ils se respectent tous et peuvent vivre en paix ensemble, mais personne ne peut imposer sa propre volonté sans déterminer une grève.

Ils mettent en pratique le même remède simple lorsqu'il n'y a pas une très bonne harmonie dans l'état conjugal. Un homme et une femme ne peuvent-ils pas s'entendre exactement en tant que mari et femme ? Ils divorcent joyeusement au lieu d'empoisonner leur existence par des altercations continuelles et par la réticence qu'ils éprouvent tous deux à faire ce que l'autre souhaite.

Combien de choses, en ce qui concerne l'esprit humain, les civilisés ont encore à apprendre des sauvages ! Ne le pensez-vous pas, cher lecteur ?

On pense généralement que le Sakai est paresseux de nature. C'est une erreur, car leur prétendue paresse n'est que le résultat des circonstances dans lesquelles ils vivent.

Une fois leur nourriture quotidienne fournie et qu'ils ont préparé une bonne provision de poisons et de dards, que leur reste-t-il à faire au fond de la forêt, où il n'y a aucune soif de richesses (car inconnues d'elles), d'honneurs (dont ils n'en ont aucune idée), ou pour le pouvoir (que leur indépendance individuelle répudie) ?

Fabriquer des flèches empoisonnées.

Il n'y a pas de course à la richesse, à la position ou à la renommée de leur part, pas de lutte pour la vie qui, parmi nous, est la source inépuisable du progrès ainsi que l'incitation au crime et à la corruption.

Le désir exprimé par Henri IV que chacun de ses sujets puisse faire bouillir sa propre volaille dans sa propre marmite est plus que réalisé parmi les Sakais.

Ils ne cuisinent pas leurs volailles parce qu'ils ne sont élevés que comme moyen de troc, mais il arrive rarement qu'ils ne puissent pas déguster un morceau de choix de singe, de serpent, de cerf ou de sanglier, qu'ils préfèrent beaucoup. Si (cas très étrange) quelqu'un est absent, il se rend à la cabane la plus proche, entre sans parler et s'assoit sans être salué. On lui présente de la nourriture qu'il dévore sans y être invité, puis s'en va comme il est venu sans que personne ne prononce un mot au-delà peut-être (par excès de courtoisie) d'un « *abor* » murmuré (qui signifie « très bon » et utilisé comme "au revoir" par les Sakais), du visiteur au moment de son départ.

Le Sakai ne comprend pas la raison de travailler quand cela ne semble pas être nécessaire, mais ce qu'il juge strictement nécessaire, il le fait avec empressement et bonne volonté. Quoi qu'ils aient à faire, ils travaillent tous ensemble, le chef de famille, l'aîné, les jeunes hommes, les garçons, chacun donne un coup de main du mieux qu'il peut. Lorsqu'ils ont fini, les plus âgés de la compagnie s'allongent pour somnoler et chiquer du tabac ou sirih, les autres hommes s'accroupissent pour bavarder et préparer des poisons ou fabriquer des sarbacanes et des flèches, pendant que les enfants jouent et que les femmes s'affairent au-dessus de la table. cuisson.

Les termes d'indolent et de paresseux, appliqués à tort à ces sauvages, pourraient être utilisés avec la même force pour parler de beaucoup de ceux qui vivent dans le tourbillon de la société civilisée.

Nous voyons fréquemment parmi nous des trésors d'énergie inépuisables déployés lorsque l'ambition ou un pur besoin l'exigent, mais lorsque l'un ou l'autre a été satisfait, ou que la nécessité d'un tel effort continu ne semble plus impérative, ou que le point désiré a été atteint ou l'avenir est pleinement assuré, puis peu à peu l'énergie fait place à un désir de repos.

Comme je l'ai déjà dit, le Sakai ne prévoit jamais le lendemain. Son travail commence et se termine avec la journée. Donnez-lui du tabac et dans son bonheur il restera éveillé toute la nuit pour le fumer ou le mâcher.

Il ne travaille qu'en proportion de l'urgence du moment, puis se jette à terre, parce que les lits et les chaises lui sont inconnus, et ce n'est pas toujours que les feuilles et les herbes séchées servent de substitut aux premiers.

L'évolution de notre société nous a amené au contraire à cette curieuse condition : celui qui ne travaille pas du tout et n'a par conséquent aucune honnête fatigue pour se reposer, s'allonge sur un moelleux lit de plumes, là pour restaurer ses forces gaspillées dans une vie rapide et dissipation, tandis que... Mais je ferais mieux d'arrêter sinon je risque d'être pris pour un dangereux agitateur de classe !

Je dirai seulement ceci : si le Sakai pouvait examiner certaines de nos maisons et de nos palais, il se hâterait de retourner dans sa propre forêt et s'il était obligé ou s'il savait comment écrire ses impressions, il commencerait certainement : « Les hommes du L'Occident est efféminé, paresseux et indolent".

Mais il aurait tort de généraliser car ce sont des hommes occidentaux qui ont conquis sa forêt.

Je conclurai ce chapitre en avouant un remords. Par pitié pour ces pauvres créatures qui dormaient sur le sol froid, blotties les unes contre les autres pour se réchauffer, j'ai un jour offert un matelas en poils à une famille Sakai.

Tous y prirent place et dormirent profondément, mais le matin, leurs os leur faisaient tellement mal qu'ils me rendirent mon matelas en toute hâte et sans un seul mot de remerciement.

Et je ne pouvais pas leur en vouloir.

Garçons pratiquant le tir.

Notes de bas de page :

[7] Un peu plus de cinq pieds. Note du traducteur.

[8]

Laissons demain prendre soin de lui-même Si aujourd'hui nous appartient.

[9] Ce dernier est une sorte de gland qui se conserve longtemps. Lorsqu'on le réduit en une pâte huileuse, il n'est pas tout à fait désagréable au goût.

CHAPITRE X.

La femme Sakai— La fidélité conjugale— Une vie de labeur— Fiançailles et noces— L' amour chez les Sakais— Divorce — Pas de baisers — Chasteté — Bigamie — Maternité et ses excès — Vieilli avant le temps — Mode et coquetterie.

La femme, qui a été comparée à presque toutes les espèces d'animaux qui volent, rampent, nagent ou courent par les poètes et autres hommes aux sentiments chevaleresques, chez les Sakais, elle est simplement une femme. En parlant d'elle, ces bons fils de l'Orient ne calomnient ni la colombe ni la gazelle, et ils ne calomnient pas le tigre et le serpent, mais lorsqu'ils sont enclins à louer ses charmes, ils le font avec affection et brièveté. se demande quand on considère que le sexe féminin dans la jungle, même s'il n'est pas beau à notre goût (mais tout à fait selon le critère Sakay), est bon, laborieux et incorruptible. Ces trois vertus, si elles étaient mieux connues chez nous, épargneraient à l'humanité pauvre et souffrante beaucoup de prose et de poésie, sans le moindre dommage pour l'art.

C'est pour cette raison que les sauvages des Etats malais ont toujours considéré et considèrent encore la Femme comme la fidèle compagne de leur vie et comme la mère de leurs enfants. Ils ne lui ont jamais imputé le péché commis par Ève, qui, dans d'autres pays, où l'histoire sacrée est si peu connue, a fait d'elle la cible de tous les termes insultants, sarcastiques et injurieux. On n'a jamais discuté, comme au concile de Mâcon, de la probabilité qu'une femme ait ou non une âme ; Le peu qu'il leur faut pour s'harmoniser avec les leurs, ils l'ont reconnu sans aucune discussion et ils l'ont trouvé dans le soin et l'affection manifestés envers ses proches et dans sa fidélité inébranlable.

Parmi ces peuples non civilisés, il n'y a pas de traditions chevaleresques, il est vrai, mais leurs femmes n'ont pas non plus été poussées à rechercher l'émancipation, car, partageant avec une parfaite égalité les droits des hommes, il ne leur reste plus aucun droit à revendiquer, et ils n'ont aucun tort à leur reprocher. vengeance!

Garçons pratiquant le tir.

Les hommes, pour leur part, ne rêvent jamais de ce que Démosthène disait des Athéniens corrompus de son temps, paroles qui sont répétées et mises en pratique par certains de nos dirigeants du XXe siècle : « Nous épousons une femme pour avoir des enfants légitimes et posséder une femme de ménage fidèle ; nous entretenons des concubines et payons des prostituées pour notre commodité et pour les jouissances de l'amour".

Comme je l'ai dit, chez les Sakais, un sexe n'est pas l'esclave de l'autre. Ils vivent en parfaite harmonie. L'homme est considéré comme le chef de famille, bien qu'il n'y ait rien à administrer ou à diriger et que la femme se montre suffisamment déférente envers lui, mais il n'existe pas chez eux de coutume selon laquelle on devrait se soumettre passivement à un testament avec lequel son, ou la sienne n'est pas d'accord.

L'homme se nourrit en chassant dans la forêt, en pêchant, en cueillant des fruits et en cultivant un peu de terre autour ; la femme l'aide dans les travaux agricoles, le suit parfois dans la jungle, prépare ses repas et vaque à d'autres tâches domestiques. Elle s'occupe bien de ses enfants et est très jalouse d'eux. Lorsqu'ils sont trop petits pour marcher, elle les attache sur son dos avec de longues bandes d'écorce, posant leurs jambes sur ses hanches.

Cette charge ne l'empêche pas de se déplacer et de travailler. S'ils partent pour une longue marche, les parents portent l'enfant à tour de rôle.

Dès qu'un garçon atteint l'âge de six saisons (6 ans), il passe de la tutelle de sa mère à la tutelle de son père et, sous la direction de ce dernier, commence à faire des voyages dans la forêt où il attrape des insectes, ramasse des fruits et des bulbes, apprend, peu peu à peu, manier la sarbacane et participer à la chasse et à la pêche ainsi que distinguer les poisons et aider à leur extraction.

C'est la période éducative du petit Sakai.

La jeune fille, au contraire, reste avec sa mère et apprend à aider aux tâches ménagères (?), en faisant sa part avec bonne volonté et bonne humeur.

Elle va avec sa mère planter et arracher des pommes de terre et des ignames, ramasser du bois de chauffage et remplir d'eau les seaux en bambou ; elle apprend à cuisiner et à s'occuper des plus petits.

Très tôt, elle commence une vie de grande activité. Ses bras sont encore faibles et elle peut à peine soulever certains des poids qui lui sont attribués, mais ils deviennent progressivement nerveux pour les plus lourds.

Ses devoirs fatigants augmentent toujours, et pourtant, petite fille, jeune fille et femme aussi, elle accepte tout cela avec un cœur léger et est si contente de sa dure vie que j'ai souvent entendu une de ces bonnes et laborieuses créatures déclarer : elle était complètement heureuse. Combien de femmes, dans l'Europe et l'Amérique civilisées, seraient prêtes à faire un pareil aveu ?

Vers l'âge de 15 ans, alors que nos filles portent encore des robes courtes et ne sont pas toujours dignes du terme « demoiselle », la femme Sakai est généralement une épouse.

Dès son enfance, une petite fille peut être fiancée par ses parents à un garçon d'une autre tribu. Mais si, au moment d'unir par le mariage les deux jeunes fiancés dès l'enfance, l'un n'aime plus l'autre en qualité de partenaire de vie, ils échangent un tranquille *gne* (non) et les fiançailles sont complètement terminées. [dix]

Ni l'un ni l'autre ne sont offensés par ce refus, car ils sont pleinement d'accord sur le fait qu'il vaut mieux ne pas être liés ensemble à moins que le désir ne soit réciproque, car le chagrin et la souffrance en seraient le résultat certain.

Merveilleuse philosophie, dans toute sa simplicité, qui libère le petit monde Sakai d'un nombre énorme de martyrs et de crimes sensationnels.

La jeune fille reste libre du choix de son mari. Certes, des conseils lui sont volontiers donnés, favorables ou non au prétendant, mais personne ne peut la contraindre à épouser un homme qui ne lui plaît pas.

Cette absence totale de contrainte n'a rien d'étonnant, cependant, car dans la forêt il n'y a pas de chasseurs de fortune, les dots étant inconnues, et il n'y a pas de Dianes pour se joindre à la course au loyer. Il n'y a aucune ambition en matière de titre , de position ou de lignée car tous sont égaux. Ce sont des créatures humaines, faites sous la même forme et investies du même droit de vivre. Il n'y a aucune différence de sang entre eux car il est toujours rouge.

Le jeune Sakai qui souhaite fonder une famille, accompagné de quelques proches (grand-père, père ou frères) quitte son propre village et se rend dans un campement plus éloigné.

Il arrive souvent que la faim, le crépuscule ou quelque autre circonstance déterminent ce Pèlerin d'Amour et ses compagnons à s'arrêter dans une cabane plutôt que dans une autre.

Ils entrent, comme c'est leur habitude, sans dire un mot ; ils s'assoient sur leurs talons et mangent ce qu'on leur propose.

Pendant ce temps, le jeune homme regarde autour de lui et observe attentivement les filles s'il y en a et s'il y en a une qui lui plaît, il la montre à l'un de ses compagnons qui se lève immédiatement et dit à l'heureuse demoiselle ce que désire son parent.

La jeune femme, lorsqu'elle ne prononce pas un *mot bref*, murmure : « *Eh ! eh ! ngot* » (Oui, je veux bien), une phrase qui semble un hoquet mais qui ne l'est pas.

Alors le vaillant jeune homme s'approche de la jeune fille et lui offre un collier de perles de verre et, s'il en a, du fil de laiton pour confectionner des bracelets, recevant en échange de sa future épouse une ou deux livres de bétel.

Sans tarder, le père de la jeune fille et celui du jeune homme, ou quelqu'un qui les représente, commencent la partie la plus prosaïque des affaires, c'est-à-dire : ils décident du genre de cadeaux que le marié doit offrir aux parents et aux sœurs. de son épouse le jour du mariage, pour les dédommager de la jeune fille qu'il emmène.

Ils discutent pour savoir si les cadeaux doivent consister en une seule marmite en terre cuite (un article de luxe dans la jungle où les ustensiles en bambou sont d'usage courant) au lieu de deux, et si une paire de *parangs* (couteaux de bûcheron) doit être ajoutée ; puis il doit y avoir des perles colorées, du fil de laiton et peut-être même un morceau de calicot de couleur vive.

Ces questions très importantes étant réglées, le jour du mariage est fixé, après quoi les fiancés se séparent sans larmes ni soupirs, le jeune homme rentrant avec ses parents dans leur propre habitation.

Le grand jour arrive.

Le marié, accompagné de tous les hommes de sa famille et de quelques femmes, se dirige vers la cabane lointaine de la mariée, emportant avec lui les cadeaux promis.

Il y a un grand rassemblement de Sakais de toutes parts, car les joies et les douleurs, l'abondance et la famine sont partagées également et fraternellement par eux.

L'Ancien se lève et dit d'une voix forte :

"Écoutez ! écoutez , vous tous qui êtes ici assemblés : ceux qui étaient loin sont maintenant ensemble ; ceux qui étaient séparés sont maintenant unis".

Les mariés se prennent alors tendrement la main et du riz leur est présenté sur une feuille. La femme prend quelques grains et les met dans la bouche de son mari, puis ils participent tous deux à ce repas léger et symbolique provenant de la même feuille. La cérémonie nuptiale se termine ici, sans l'intervention d' *Alà* ni d'aucune sorte d'autorité ecclésiastique ou civile. Comme ils sont enviables !

Un banquet s'ensuit immédiatement et l'entreprise rassemble tout ce qu'elle trouve mangeable. Le *menu* se compose de toutes sortes d'articles comestibles connus dans la cuisine Sakai, et lorsqu'ils se sont gavés à leur maximum, ils dansent, chantent et tirent de leurs instruments les notes les plus aiguës qui aient jamais déchiré l'oreille humaine tandis que les battements furieux des bambous donnent le son des cloches en bois. Ainsi terminée la fête du mariage, les époux nouvellement créés retournent, avec les parents des premiers, dans leur propre groupe de huttes, où une nouvelle, un nid d'amour, leur a été préparée.

L'amour chez les Sakais ne devient jamais une passion ou un délire. C'est un sentiment calme et tranquille, une nécessité physiologique telle que la bonne âme de Schopenhauer l'interprétait, au grand scandale d'une certaine classe d'amants.

Les hommes et les femmes sont unis par un sentiment de sympathie cordiale, par un acte spontané de leur propre volonté qui ne souffrirait jamais la moindre contrainte.

Aucun intérêt personnel ou familial ne suggère ou ne détermine l'étape importante. La seule chose dont on puisse dire qu'elle inspire l'amour (et provoque le mariage) dans la jungle est cette loi suprême et inviolable de la nature pour la conservation de l'espèce.

Mais ce qu'il faut admirer dans les unions de ces gens bons et simples, c'est la fidélité qui les suit tout au long de leur vie.

Les Sakais ne sont pas, je le répète, des esprits très ardents, et ils ne sacrifient pas non plus de manière excessive à Vénus, peut-être parce que la satisfaction sensuelle arrive lorsque le développement physiologique l'impose, mais plutôt - comme cela arrive trop souvent dans une société civilisée, avec de grands dommages à la moralité et à la race - de après une longue et fatigante veillée, toujours dans l'attente des conditions financières permettant de fonder une famille.

Il est à noter que ni les hommes ni les femmes ne se sentent attirés vers un autre que leur partenaire légitime, ce qui contribue naturellement beaucoup au maintien de la fidélité entre les deux.

Parfois, mais très rarement, on rencontre un couple dont la différence de caractère rend la cohabitation impossible.

Il n'y a pas de scènes de fureur, pas de querelles violentes et encore moins de coups réciproques.

Les deux intéressés se contentent de déclarer que leur cœur souffre trop d'une vie de perpétuels malentendus et décident de se séparer de bons amis, espérant avoir plus de chance la prochaine fois.

Ils se sépareront ensuite avec les meilleurs et les plus sincères vœux de bonheur futur pour chacun.

La femme n'emmène avec elle que les plus jeunes de ses enfants qui ont le plus besoin de ses soins, laissant au père ceux qui ont plus de six ans, et elle retourne chez elle où elle est reçue affectueusement.

Elle trouve souvent un autre mari, même dans les premiers jours de sa séparation ; son nouveau compagnon adopte ses petits et les considère comme les siens, après quoi la relation avec leur vrai père est annulée.

Le divorce, comme on le voit ici, s'effectue sans l'intervention d'autrui. Les Sakais sont aussi libres de se marier que de se séparer lorsqu'ils découvrent qu'ils ne peuvent pas vivre en paix et en tranquillité. Ils attribuent au cœur le même élan d'union que de séparation. C'est alors le Sentiment qui prend chez eux la forme de Loi et règle leurs actes. Combien il est déplorable qu'une loi semblable ne soit pas reconnue dans les pays civilisés, où celle imposée par le législateur crée tant d'êtres malheureux et provoque tant de tragédies et tant d'infamie.

Enfants endormis.

Et pourtant, malgré cette facilité à obtenir le divorce, rares sont ceux qui y recourent, circonstance qui devrait peser sur ceux qui luttent avec acharnement contre une mesure si propice à la défense réelle de la famille, à la défense en le sentiment que sa condition et ses fonctions seraient améliorées sans l'écrasement et la suppression des droits (par un préjugé qu'on fait passer pour un précepte religieux) que l'âme elle-même affirme.

De nos jours, l'état sacré du mariage est considéré par la majorité avec une méfiance sceptique, presque comme un abîme qui engloutit la liberté, l'énergie, les scrupules d'honneur, la moralité, la volonté et toute la bonté de sentiment qui a survécu au naufrage de nombreux espoirs et illusions.

Chez les Sakais, un tel sentiment ne prévaut pas. Les hommes lient volontairement leur propre existence à celle de femme et sanctifient leur nouvel état par les vertus sincères de fidélité et de chasteté.

Mais... ces vertus appartiennent aux sauvages et je suis un sauvage pour en parler !

Permettez-moi alors de terminer brièvement mon argument. Les cas de divorce sont rares car ils reposent presque exclusivement sur une incompatibilité d'humeur ou une stérilité persistante.

Ni l'homme ni la femme ne peuvent se résoudre à rester sans enfants ; si leur union est sans fruit, ils n'ont plus besoin de vivre ensemble.

Dans un cas exceptionnel, il arrive parfois que les deux parties ne s'entendent pas sur le divorce, auquel cas la décision est laissée à l'Ancien qui prononce une sentence sans possibilité d'appel.

La conséquence immédiate d'un mariage annulé est le retour des cadeaux offerts par le mari à la famille de la femme. Celle-ci abandonne aussitôt la tribu à laquelle elle appartenait après son mariage et devient étrangère à ceux qui, peu de temps auparavant, étaient ses plus proches parents.

Ce n'est pas la fin d'un rêve d'amour mais la décision calme et raisonnable de deux êtres qui, constatant que leurs caractères ne s'accordent pas et qu'ils n'éprouvent plus de plaisir l'un envers l'autre, ne sont pas assez cruels envers eux-mêmes et envers leurs meilleurs ou les pires moitiés (selon les cas) afin de simuler et de perpétuer une union qui les rend malheureuses.

Dans notre région, la question des enfants des divorcés constitue un argument de poids pour les opposants au divorce et pose à ses partisans un problème difficile à étudier. Pour les Sakais, la solution est assez simple. L'âge des enfants décide chez qui ils doivent rester, et ceux laissés à la charge du père sont pris en charge par les femmes du voisinage qui, par pur élan de maternité et sans aucun espoir de récompense, les traitent avec une tendresse maternelle. C'est comme si leur mère était morte et que leurs tutrices naturelles devenaient les sœurs ou la mère du père. A défaut de ces proches, l'homme est libre de contracter immédiatement un second mariage, sa durée de deuil étant tolérée.

Quoi qu'il en soit, les petits deviennent toujours l'objet de l'intérêt affectueux de toutes les femmes du village.

Les Sakai ne s'embrassent pas. Ils ne connaissent ni le baiser de Judas ni celui de Roméo. Ils expriment leur sympathie et leur amour en se caressant brutalement ou en se grattant le nez, le cou ou le menton.

Là-bas, dans la jungle, il n'y a ni poètes, ni romanciers, ni dramaturges, ni peintres ; un champ nouveau (et original) s'ouvrirait ici à l'excellence de leurs arts. Ne pouvez-vous pas imaginer, cher lecteur, à quel point l'effet serait irrésistible si, au moment le plus passionné de leurs scènes d'amour, au lieu de « leurs lèvres tremblantes se rencontrant dans un baiser palpitant », le héros et l'héroïne se grattaient furieusement le nez ?

Même si, de temps en temps, dans l'intérêt du véritable Art, il pourrait être bon que certains de nos pseudo-artistes se rendent dans ces pays lointains à la recherche d'inspirations fortes qui, au moins, augmenteraient la gloire du bon sens dans les sociétés civilisées. Dans certains endroits, je ne leur conseillerais certainement pas d'émigrer dans la forêt malaise car ce serait comme les condamner à mort de faim car ils n'y trouveraient aucune sorte d'outil ou de matériel avec lequel faire leur travail. Il n'y a pas de suicides, de meurtres, de vols, d'adultères, d'héritages convoités et de testaments supprimés, de faux, de femmes perdues et d'enfants illégitimes, il n'y a pas de buveurs d'alcool, de mangeurs d'opium, etc.

Il serait absolument impossible, même pour un « Sherlock Holmes », de satisfaire ses envies d'appétit s'il avait été créé dans ces régions.

Mais revenons à mes bons amis les sauvages après cette promenade involontaire.

Les Sakais manifestent leur amour et leur bravoure en se grattant le nez, le menton ou le cou, mais lorsqu'ils souhaitent exprimer un sentiment plus doux, comme une affection sincère ou une amitié, ils le font par un sourire, tout en s'embrassant.

J'ai parfois remarqué que des hommes et des femmes, loin de leur moitié, se livraient à quelques caresses et à quelques grattages de nez, ainsi que des jeunes hommes non fiancés, mais je puis affirmer avec la plus grande certitude que ces démonstrations de tendresse ne vont pas de soi. plus loin; ils finissent là où ils commencent.

Cela peut paraître étrange, mais c'est vrai. Les deux sexes sont en contact permanent. Pendant les nuits froides, ils dormiront tous près les uns des autres pour se garder au chaud et pourtant rien de mal ne résulte de cette proximité promiscuité.

Comme je l'ai déjà dit, la chasteté est une vertu naturelle chez les Sakais, et même ce qui concerne l'amour légitime est voilé d'un mystère timide. Ni l'homme ni la femme ne sont sujets aux caprices sexuels.

Si un jeune homme tombe amoureux d'une jeune fille avant de pouvoir manier sa sarbacane avec dextérité et profit, ou de pouvoir se procurer les cadeaux de noces prescrits par l'habitude, il persuadera peut-être sa bien-aimée de le rencontrer dans la forêt.

Il est extrêmement rare qu'une telle nomination cause un préjudice à une jeune fille, car il n'est pas dans son caractère de céder à la convoitise, mais si cela se produit et que le fait est connu, le mariage est arrangé sans aucune perte de temps. La femme qui ne consent pas à un mariage avec son amant ou qui est connue pour avoir eu des relations intimes avec plus d'un jeune homme est tenue dans un grand mépris par le reste de son peuple.

Il y a très peu de célibataires dans ces tribus, mais celles qui restent dans l'État célibataire le doivent à quelque défaut moral ou physique. Ces personnes vivent avec leurs plus proches parents.

La polygamie n'est jamais envisagée par les Sakais mais la bigamie n'est pas une exclusion absolue bien qu'elle ait très rarement lieu car dès qu'une femme voit que son mari est amoureux d'un autre elle est la première à proposer le divorce et aucune récrimination ne suit sa suggestion.

"Ton coeur" dit-elle "souffre avec moi, alors qu'avec elle il serait heureux. Eh bien, séparons-nous car je sens que je ne pourrais pas vivre heureux avec une autre de tes épouses".

Mais si une femme se contentait de partager le lit nuptial avec une rivale, soyez sûr que la meilleure harmonie régnerait dans ce *ménage à trois* .

Les femmes Sakai sont nées avec l'instinct de maternité et ne renonceront jamais à allaiter leur propre bébé à moins que le manque de lait ou une constitution faible ne les y obligent. Ces exceptions sont pourtant extraordinairement rares et elles sont au faîte de leur fierté lorsque leurs petits puisent vie et force dans leurs seins. [11]

Il existe parmi eux très peu de cas de stérilité complète ou de fécondité excessive. Il est rare qu'une femme ait plus de quatre ou cinq enfants.

Elle les allaite et les soigne avec beaucoup de tendresse, ravie de les voir grandir forts et en bonne santé.

Les enfants sont sevrés entre sept mois (calculés approximativement par la lune) et deux ans (deux saisons de fruits), mais généralement vers l'âge d'un an (une saison).

La première nourriture donnée au bébé est une bouillie bien cuite faite avec un certain bulbe et les feuilles tendres d'une petite plante dont je ne me souviens plus du nom.

Lorsque le petit bonhomme s'est habitué à sa nouvelle nourriture (qu'il le veuille ou non) ou qu'il commence à babiller un mot ou deux, on lui donne un nom qui rappelle généralement l'endroit où il est né, un événement particulier du moment ou la manière qu'il peut avoir d'utiliser souvent un mot, ou de le prononcer mal.

La bonté et la gentillesse maternelle de la femme Sakai s'étendent même aux jeunes animaux privés de leur mère. Ils les adopteront et les élèveront avec les mêmes soins qu'ils accordent à leurs propres enfants ou orphelins humains.

Un jour, une sanglier fut prise dans un piège et, bien entendu, elle fut cuite et mangée, mais peu après, une portée appartenant à la victime fut trouvée et les petites bêtes, tout juste nées, furent prises et soignée par les femmes du village.

J'ai vu un jour un gros sanglier qui suivait une tribu Sakai avec une merveilleuse docilité permettant même aux enfants de lui jouer des tours ; ce sont les femmes qui en ont parlé.

J'ai vu aussi des rats, élevés par ces mères nourricières, aller et venir à leur guise hors de la cabane, et je me souviens qu'une nuit, alors que je m'étais réfugié dans une de ces cabanes et que j'avais choisi un coin particulier pour mon repos nocturne, la dame brune de la maison, sans élever aucune objection à mon choix, m'avertit que pendant la nuit un rat reviendrait se reposer au même endroit et me pria de ne faire aucun mal à la pauvre chose, car il faisait partie de la famille, mais je devais l'appeler si cela me dérangeait.

En fait, je dormais profondément quand une fourrure chaude me caressa doucement et, au réveil, je compris que le rongeur dissolu, presque plus gros qu'un chat, était rentré chez lui au petit matin, comme si on lui avait fourni une clé. .

J'appelai en toute hâte la femme qui le prit tendrement et l'emporta pour coucher avec elle.

C'était un enfant adopté !

N'est-ce pas là le summum du sentiment maternel ? Et cela ne frise-t-il pas la folie ?

La naissance, puis l'allaitement de son premier enfant, mettent fin à la grâce et à l'épanouissement d'une femme Sakai.

Un enfant tatoué.

Elle remplit avec un zèle incomparable les fonctions que lui confie la nature, mais comme elle doit en même temps vaquer aux lourdes tâches que lui assignent les hommes, elle devient surmenée et épuisée par une fatigue excessive.

A trente ans, elle paraît presque aussi vieille et flétrie qu'une de nos laborieuses compatriotes l'est à cinquante ans, et la pauvre créature ne peut en aucune façon cacher cette chute prématurée à cause de l'extrême légèreté de son vêtement.

"L'arbre tailleur de notre grand père Adam" n'a pas de feuilles pour les habitants de la jungle, car mâle et femelle ne portent qu'une bande d'écorce (bien battue pour la rendre souple) enroulée autour du corps et fixée sur les hanches.

Celle portée par les hommes ne dépasse jamais quatre pouces de largeur, mais les femmes utilisent des listes de six à huit pouces de largeur. Un autre morceau de tissu d'écorce est passé entre les jambes et attaché, devant et derrière, à cette ceinture.

Les femmes, bien que filles de la forêt, ne sont pas dénuées d'une certaine coquetterie et décorent souvent leurs ceintures de fleurs ou d'herbes médicinales et odorantes, mais elles ne songent jamais à se faire un chaste voile de grandes feuilles pour se couvrir. les parties de leur personne qui doivent être gardées secrètes du regard du public.

Le costume qu'elles portent sur les photographies a été préparé par moi afin de présenter à mes lecteurs ces Eves de couleur ocre dans un état plus décent, ou plutôt un peu plus conforme à ce qu'exige la société civilisée, car « au pur toutes choses sont pures" et à mon avis l'innocence parfaite dans laquelle ces femmes se promènent nues est préférable à cette conscience de leur forme naturelle qui conduit tant de dames de notre société et d'autres femmes, à recourir à des moyens artificiels pour tromper leur admirateurs et gagnez un nom pour la beauté.

Les hommes aussi sont même à envier, car en l'absence totale de vêtements inférieurs, leurs moitiés ne peuvent jamais prétendre « porter le pantalon », comme cela arrive parfois parmi nous.

Les colliers sont très portés par les filles et les femmes Sakai. Ils sont constitués de perles (considérées comme les plus élégantes), de dents de serpents, de griffes d'animaux, de coquillages, de baies ou de graines.

Les hommes, au contraire, terminent leur toilette en chargeant leurs poignets de bracelets. Ceux-ci sont en fil de laiton, en bambou ou *en akar batù* qui, croit-on, les préservent de la fièvre.

Leurs visages sont toujours défigurés par des rayures colorées ou des hiéroglyphes.

Ils n'ont pas l'habitude de porter des anneaux au nez, mais seulement un petit bâton de bambou qui est censé avoir la vertu d'éloigner je ne sais quelle sorte de maladie ou d'esprit.

La mère perce un trou dans le cartilage du nez de son enfant avec une piquante de porc-épic et veille ensuite à ce que la plaie guérisse rapidement, sans se refermer. Ensuite, elle passe à travers un morceau léger de ce roseau.

La même opération est faite sur les oreilles, qui, d'être généralement bien formées, se déforment, car le trou du lobe doit être très grand. Il ne suffit pas de percer le tissu avec une plume ; il faut immédiatement insérer une petite canne de bambou ; le lendemain, on en remplace un plus grand et ainsi de suite jusqu'à ce qu'il soit possible d'accrocher aux oreilles des pendentifs en bambou et ornés de fleurs, de feuilles et peut-être même de cigarettes.

Une bande d' écorce d' *upas* enroulée autour de la tête apporte la touche finale aux toilettes des Sakais. Gens heureux! Ils n'ont pas de factures de tailleur, de couturière ou de modiste à payer !

Notes de bas de page :

[dix] *Gne* serait prononcé en anglais comme *neay* . *Note du traducteur.*

[11] Au chapitre XIV, parlant des superstitions de ce peuple, j'ai mentionné celles qui se rapportent à la naissance d'un enfant et les idées étranges qu'ils ont sur cet événement.

CHAPITRE XI.

Un village Sakai — Les "anciens" — La famille — Degrés de parenté — Des humoristes désoccupés — En marche — Des cœurs tendres — Allumer le feu — Une hécatombe de géants — La cabane — Articles et ustensiles ménagers — Travail et repos.

Un véritable village, tel que nous l'entendons, n'existe pas chez les Sakais, mais j'ai été obligé d'utiliser ce mot faute d'un meilleur pour en expliquer le sens. Chaque cabane est distante de quelques centaines de mètres l'une de l'autre, de sorte qu'au total un village couvre une superficie de vingt à quarante milles. Presque toujours, les limites du territoire villageois sont marquées par des cours d'eau secondaires (les vrais Sakais ne campent jamais près d'une rivière navigable) qui donnent leurs noms aux habitants des rives.

Seule la largeur d'un ruisseau ou d'un torrent sépare deux de ces établissements que j'ai appelés villages, donc la distance est bien moindre que celle qu'il y a entre les deux extrémités d'un seul village.

Et pourtant, au-delà d'être en bons termes et amicaux, ils n'ont rien à voir les uns avec les autres, car une tribu Sakai n'aime pas se mêler à une autre et ne reconnaîtra aucun ton d'autorité, ni ne recevra aucun conseil à moins de procéder d'un proche. relation, et même alors, il doit être donné sous la forme d'un conseil paternel ou d'une exhortation affectueuse, sinon la personne à laquelle il s'adresse quitterait probablement son propre peuple, pour ne pas en avoir davantage de nuisance, et irait vivre parmi les parents de sa femme.

Les habitants d'un village forment tous une seule famille, appartenant à la première, deuxième, troisième et même quatrième génération car ils descendent tous du même vieil homme, appelé "l'Ancien" et qui est considéré avec estime et considération par tous. .

C'est lui qui agit comme magistrat ou arbitre dans toute dispute ou querelle (ce qui arrive très rarement) entre ses descendants et la sentence prononcée par lui est rigoureusement respectée. C'est lui aussi qui choisit l'emplacement d'une clairière lorsque, comme cela arrive souvent, les Sakais changent de lieu de campement et forment leur village dans une tout autre partie de la forêt.

A part cela, il n'a rien d'autre à faire, à moins qu'il soit encore capable de travailler.

Les Anciens des différents villages sont d'une parfaite cordialité et n'incitent ni ne permettent jamais l'effusion du sang, ni même un conflit entre leurs tribus.

Si, à la mort d'un aîné, il reste encore deux ou plusieurs frères vivants, l'aîné lui succède, et si un malentendu surgit entre eux, ou si le nombre de ceux qui composent le village devient trop grand, l'autre émigre vers un autre. coin reculé de la forêt, suivi de toutes les familles qui lui sont, en ligne directe, étroitement liées, formant ainsi le noyau d'un nouveau village Sakai qui ne dépasse jamais quelques centaines d'habitants.

Mais dans les plaines, on trouve un grand nombre de familles vivant ensemble dans un même village, parfois même jusqu'à trois mille personnes.

Mais ce n'est pas ici que l'on peut étudier et observer les us et coutumes des véritables Sakais.

Malgré l'habitude de vivre en groupe, les familles isolées des autres, la fraternité de race se fait très profondément sentir et si demain un danger commun se présentait menacé, ils s'uniraient tous comme un seul homme pour y résister et le vaincre, en plus d'être toujours prêts à le vaincre. pour s'entraider en cas de besoin.

Peu de degrés de relation sont reconnus par les Sakai.

Les enfants mâles et femelles d'un même père et d'une même mère sont considérés, comme chez nous, comme frères et sœurs, mais aussi les fils et filles de frères (qui parmi nous ne seraient que cousins) sont classés de la même manière et appellent tous leurs oncles « père ». ".

Celui qui est établi pour les descendants des femelles est tout différent, et cela est naturel puisque les filles d'un village se marient dans un autre.

Les enfants d'une femme sont censés n'avoir aucun lien de parenté avec ceux des frères de leur mère et très peu d'attention est accordée à ce qui existe entre eux et leurs oncles.

Les enfants des sœurs sont considérés comme des frères plutôt que comme des cousins, et les tantes sont toutes appelées mères, même lorsqu'elles vivent dans d'autres villages.

Les épouses des frères se disent sœurs et sont connues sous le nom de « mère » par leurs neveux et nièces mais les maris des sœurs n'ont aucun droit à une relation autre que celle d'une amitié cordiale.

Les petits-enfants donnent également le titre de « père » à leur grand-père et arrière-grand-père et celui de « mère » à leur grand-mère, de sorte que ces deux mots qui ont une signification si sacrée pour nous, pour les Sakais, ne sont que des appellations courantes.

Aucun lien n'existe entre les parents du mari et ceux de la femme ni entre ces derniers (le père et la mère de la femme) et leurs gendres. Ils ne le sont qu'à des conditions simples et amicales.

Les humoristes qui aiment à exercer leur esprit sur l'éternelle question de la belle-mère ne trouveraient aucun motif de plaisanterie parmi ce peuple.

La belle-fille, au contraire, reconnaît les parents de son mari comme ses propres père et mère.

Cela ne l'empêche cependant pas d'éprouver et de chérir encore une tendre affection pour ceux qui lui sont les plus proches par le sang et qui sont les auteurs de son être.

Elle va très souvent les voir et est accueillie avec une grande joie. Au moment de se séparer, ils lui donnent bons vœux et conseils.

« Va, suis ton mari ! ».

« Prenez garde à ne pas tomber en chemin !

« Abandon ! ».

« Abandon ! ».

Autant que je sache, il n'y a pas d'autres relations reconnues par les Sakais qui habitent sur les hauteurs de la forêt, au-delà de celles que j'ai mentionnées et même celles-ci se réduisent à quatre noms : père, mère, sœur et frère. Il est cependant très difficile d'obtenir des informations sur les liens de parenté.

A en juger par l'âge auquel ils se marient et ont des enfants et en supposant que l'âge maximum qu'ils atteignent est celui de 60 ans (un calcul purement conjectural car il est impossible de le déterminer avec précision), on peut dire que chaque village est peuplé par la deuxième, la troisième, la quatrième et même la cinquième génération d'un même peuple.

Une méthode primitive pour allumer un feu.

En effet, en établissant la date de sa première paternité à 16 ans, il est évident qu'à 32 ans un Sakai peut être grand-père, à 48 ans un arrière-grand-père et à 64 ans un arrière-arrière-grand-père.

Plus la relation est étroite et directe, plus leur affection est forte.

L'amour le plus tendre qu'un Sakai puisse accorder est versé à son fils, surtout quand l'enfant est petit, mais progressivement, au fil des années et de la formation de nouvelles familles, la chaleur de cet attachement se refroidit quelque peu, peut-être parce que on n'a plus besoin de ses soins.

Cher lecteur, je vous ai présenté (du mieux que j'ai pu) à mes bons amis de la forêt malaise ; Je vous ai fait connaître leurs vertus et leurs défauts, leurs habitudes et leurs liens familiaux et maintenant je voudrais que vous suiviez avec moi la petite tribu marchant d'un bout à l'autre de son territoire pour se fixer une nouvelle demeure. .

Le long cortège avance sans aucun ordre. Tout le monde porte quelque chose qu'il ne voulait pas laisser derrière lui dans le village abandonné. Les tout petits enfants sont attachés au dos de leur mère, les autres gambadent joyeusement autour des femmes, et les vieillards marchent lentement, parfois en s'appuyant sur leurs bâtons.

Tous les hommes et les jeunes sont armés de leur canne mortelle et de leurs flèches empoisonnées.

Plusieurs chiens, un peu comme les petits setters, escortent la compagnie et donnent l'alarme lorsque le danger menace. Avec eux, dans une intimité amicale, se trouvent des singes, des écureuils et des sangliers apprivoisés, tandis que des poules caquetent dans les dossers où ils ont été déposés de peur de se perdre dans la jungle.

C'est une tribu émigrée. Font-ils donc un long voyage pour être si bien approvisionnés en nourriture ?

Une telle supposition serait erronée. Ces poules, sangliers, écureuils et singes ne constituent pas une réserve de provisions pour les Sakais voyageurs mais sont leurs amis et compagnons, élevés par eux avec bienveillance et qui sont considérés comme faisant partie de la famille.

Un Sakai ne mange jamais un animal qu'il a élevé ; il lui semblerait commettre un crime. Il utilise cependant les volailles (qui sont un peu plus petites que celles d'Europe) comme moyen d'échange contre du tabac, du riz et d'autres articles, mais il n'en mangerait jamais lui-même à moins d'être réduit au bord de la famine.

Quelle différence avec les hommes civilisés qui élèvent des animaux et des volailles dans le but de les dévorer, qui engraissent les volailles dans des poulaillers, transforment cruellement des coquelets en chapons appétissants, attachent les oies au sol pour que leur foie fournisse un supplément de délicatesse à la table et protège l'amour poétique. de pigeons pour cuisiner leurs petits !

Oh oui! nous protégeons les animaux, même les oiseaux qui volent à l'état sauvage dans les bois, nous les entourons d'attention, nous faisons des lois en leur faveur, pourquoi ? pour quoi? Pour qu'on ait le plaisir de les manger !

Un arrêt est demandé. L'Ancien, assisté de quelques hommes, inspecte le site pour voir s'il y a à proximité des fleurs ou des oiseaux de mauvais augure. Si l'on en découvre, le voyage continue mais s'il n'y en a pas, ils commencent immédiatement à allumer un feu.

Abattre un arbre.

On prend un petit roseau de bambou et on y fait un trou à travers lequel passe une substance étoupe trouvée sur les palmiers et connue sous le nom de *lulup* chez les Malais. Autour de ce roseau est enroulé deux ou trois fois un long morceau de canne indienne très flexible et celui qui a entrepris d'allumer le feu tient maintenant les deux extrémités de cette dernière, et en appuyant fortement sur le bambou avec son pied, en tire d'abord une, puis la autre, brusquement et rapidement.

Le frottement violent provoque bientôt une combustion car le plus gros roseau est chauffé à un point tel que l'étoupe s'enflamme. Des feuilles et des herbes sèches sont jetées dessus et l'Ancien observe la fumée.

Si cela monte en colonne droite, la position est bonne, sinon elle n'est pas appropriée.

La décision ainsi prise, les travaux commencent sérieusement et une activité fébrile règne sur les lieux.

Les hommes observent soigneusement dans quelle direction les arbres sont inclinés, et avec une petite hache (qui coupe merveilleusement bien le bois), ils commencent à couper les racines des plus petits.

Ceci fait, ils attaquent l'un des superbes géants de la forêt. A l'aide d'échelles primitives, mais non moins pratiques, en bambou, ils gravissent l'arbre qu'ils veulent abattre, et après avoir planté autour de lui quelques gros poteaux, ils construisent une ingénieuse plate-forme à quelques mètres du sol.

Là-haut, ils utilisent encore leur petite mais terrible hachette, de forme pointue et merveilleusement résistante. Il est de taille moyenne, mesurant à peine 8 pouces de longueur, 4 de largeur et 2 d'épaisseur. Solidement fixés sur une canne de bambou souple, les coups qu'elle donne ont une force merveilleuse.

Les Sakais de la montagne se procurent cet instrument (qui ne leur sert jamais d'arme d'attaque ou de défense) de leurs frères de la plaine qui, à leur tour, l'obtiennent des Malais par troc.

Les travaux préliminaires terminés, l'arbre immense est attaqué (d'un seul côté) et son bois est bientôt réduit en copeaux sous les coups terribles qui se succèdent rapidement.

Pendant ce temps, des jeunes gens agiles grimpent sur le tronc et, près du sommet, attachent deux grosses et très longues cannes indiennes, laissant pendre leurs extrémités jusqu'au sol. Dès que l'arbre donne le moindre signe d'hésitation, les hommes se précipitent, saisissent un rotin de chaque côté et de toutes leurs forces, en rythme et simultanément, tirent le colosse vaincu vers les autres arbres dont les racines ont déjà été sectionnées.

L'arbre énorme, pendant un moment, semble résister à tous leurs efforts, puis commence à se courber et à se balancer, tremblant comme s'il était pris d'un tremblement ; il chancelle pendant une minute ou deux et finit par s'écraser avec une violence effroyable, en jetant à terre les plus proches qui ont été préparés exprès, et ceux-ci renversent à leur tour ceux qui sont derrière.

Tout le monde s'est enfui vers un endroit sûr mais est assourdi pendant un moment par le bruit fort des troncs qui tombent, des branches cassées, du crépitement des feuilles et du bris des épaisses masses de feuillage que les plantes grimpantes ont tissées entre les branches. La tourmente est indescriptible. Reptiles, oiseaux, écureuils, insectes effrayés par un désastre inattendu se déplacent sauvagement à la recherche d'un abri, remplissant l'air de leurs cris et de leur bourdonnement.

Par la brèche faite dans le toit vert de la forêt, le soleil entre triomphalement et illumine les formes prostrées des victimes gigantesques (allongées comme des cyclopes fulminés par la colère de Jupiter) qui de temps en temps donnent encore des sursauts convulsifs au bris de quelque énorme branches en dessous qui ne peuvent plus supporter leur énorme poids.

L'ouverture est faite ; il faut maintenant le nettoyer. Le travail continue avec une hâte fébrile ; tous y participent.

Une résidence surélevée.

Les uns après les autres, les arbres sont dépouillés et mutilés et, avec des miracles de force et d'ingéniosité, sont repoussés le plus loin possible afin d'en faire un enclos solide et fiable tout autour.

Avant la nuit, dans l'espace ainsi aménagé, s'élèvent des groupes de cabanes provisoires et de grands feux de joie brûlent.

parviennent en quelques heures à défricher la forêt sur plusieurs kilomètres à la ronde.

Le lendemain, on recommence et on continue jusqu'à ce que la clairière soit assez grande pour contenir le nombre de cabanes nécessaires, séparées, selon l'usage, de deux ou trois cents mètres les unes des autres.

Ce sont d'immenses brèches qui s'ouvrent dans la forêt mais celle-ci aussi est immense et ne souffre pas de cet incursion sur ses terres, d'autant moins qu'avec son étonnant pouvoir de fécondité elle aura bientôt recouvert de vie végétale le village abandonné de la tribu errante.

La cabane (*dop*) de l'Ancien est le centre autour duquel toutes les autres sont érigées.

Pour se défendre contre les bêtes sauvages et autres animaux, ainsi que contre l'humidité des sols marécageux, les Sakais de la plaine construisent souvent leurs cabanes soit sur un arbre, soit suspendues entre de solides poteaux.

Mais sur les collines, cela n'est pas nécessaire et l'habitation grossière est construite à même le sol avec des branches et des feuilles vertes, le toit et les murs étant d'une si mauvaise consistance qu'ils n'offrent pas la moindre protection. Les bêtes sauvages, en règle générale, ne s'aventurent jamais dans les espaces ouverts et sont d'ailleurs tenues à l'écart par l'éclat des incendies, mais l'inclémence du climat sur ces hauteurs rendrait souhaitable une résidence plus substantielle pour le confort.

Il n'y a pas de meubles ou autres articles ménagers dans le *dop du Sakai* . Son lit est constitué de feuilles sèches et de la même écorce qu'ils utilisent pour leurs ceintures, éparpillée sur le sol. Quelques-uns possèdent un couvre-lit, qui ne vaut que quelques deniers, mais dont les pauvres créatures ont payé son pesant d'or au moyen d'objets donnés en échange. La majorité n'a même pas cela.

Le foyer est placé au milieu de la cabane et est constitué de quatre morceaux de bois entourant et fermant un tas de terre.

Trois pierres placées dessus servent à soutenir la marmite.

Comme je l'ai dit, ils n'ont ni tables, ni chaises, ni tabourets, ni armoires, et aussi l'inventaire de leurs ustensiles de cuisine est très réduit : une ou deux marmites en terre cuite (quand ils n'en ont pas, ils utilisent des cannes de bambou pour cuisiner), une quelques couteaux grossièrement fabriqués, quelques bassines composées de coques de noix de coco et quelques récipients en bambou qui font office de seau, de bouteille et de verre. La louche avec laquelle ils distribuent leur nourriture est également en coque de noix de coco.

Leurs assiettes sont... des feuilles de bananier ou autres, adaptées à cet effet, qui sont jetées une fois qu'ils ont fini de manger.

Au sommet de la cabane sont suspendus les sarbacanes et les carquois bien remplis. On les conserve là pour qu'un peu de chaleur leur parvienne, celle-ci étant considérée comme essentielle à l'efficacité des poisons.

Au-dessus, entrelacées dans la verdure, se trouvent des bandes d'écorce conservées pour un changement de tenue vestimentaire en cas de besoin, ainsi que les instruments de musique des Sakais qui ne sont jamais oubliés.

Une cabane dans les arbres.

Je pense qu'une telle pauvreté totale en matière d'abri et de biens doit être expliquée comme la cause et l'effet de la vie nomade que mènent ces gens (même si je ne saurais pas comment définir le premier du second) ainsi que comme le résultat de leur indolence et de leur simplicité excessive. de leurs désirs.

Si une fois les migrations continuelles d'un point à l'autre de la forêt pouvaient être évitées, les cabanes seraient certainement améliorées tant par leur construction que par leur ornement.

Autour de la cabane, un terrain est préparé pour la culture de pommes de terre, d'ignames et de maïs, mais la récolte est très maigre et le tout est fréquemment détruit par la visite d'un *sladan* . Ici aussi, la bonne épouse consacre une partie de son temps à l'élevage de volailles.

Comme tous les Sakais, elle dort à sa guise le matin. Dès son lever, avec l'aide de ses filles, elle prépare le repas du matin et le sert comme bon lui semble, sans que la moindre remarque ne soit entendue sur la qualité ou la quantité de la nourriture donnée à chacune.

Après le petit déjeuner, chacun vaque à ses occupations ; les hommes tirant, cherchant du poison ou tendant des pièges ; les femmes et les filles cueillent des tubercules, des bulbes et des champignons, ou capturent des insectes, des lézards et des grenouilles, tandis que les personnes âgées qui ne peuvent plus aller dans la forêt restent derrière elles à chiquer du tabac ou *du sirih* et à s'occuper des enfants.

Le lever et le coucher du soleil se tiennent compagnie !

Vers midi tous ceux qui le peuvent rentrent au village, ceux qui ne peuvent pas, après avoir mangé dans la forêt, s'accroupissent par terre pour se reposer. C'est l'heure solennelle de silence et de repos, observée par les hommes et les bêtes.

Ce n'est que lorsque le soleil, alors qu'il était juste au-dessus de nous, a commencé à décliner vers l'ouest que le travail ou la marche interrompue reprend. Aux premiers signes du crépuscule, qui sont très brefs, on voit les Sakais se précipiter vers leurs huttes, au retour du travail ou d'autres villages, où les attendent un repas abondant et une paix ineffable.

CHAPITRE XII.

Développement intellectuel — Sakais de la plaine et Sakais des collines — Paresse et intelligence — Le mensonge et le mauvais esprit — La langue sakai — Quand l'« Orang Putei » se met en colère — Compter le temps — Nouveaux calendriers — Dons moraux .

Le développement intellectuel parmi les Sakais des collines est très limité et par conséquent nécessite peu ou pas d'étude, mais on en rencontre beaucoup plus parmi ceux de la plaine pour deux raisons que j'ai déjà expliquées : l'une de leur trafic et des relations qui en résultent avec d'autres. races civilisées; et l'autre le mélange de sang issu du concubinage de leurs parents avec des étrangers, détruisant ainsi la pureté du leur. Après l'établissement du protectorat britannique et l'abolition de l'esclavage dans les États fédérés malais, les hommes et les femmes Sakai retournèrent dans leurs lieux d'origine, ces derniers emmenant avec eux les enfants nés de leurs maîtres et les premiers nouèrent des relations commerciales avec leurs anciens propriétaires. par l'échange de produits forestiers contre des bagatelles de peu ou pas de valeur.

C'est ce qui explique pourquoi, dans les tribus des plaines, nous rencontrons certaines intentions rusées et malveillantes qui contrastent étrangement avec leur ingéniosité et leur sincérité primitives. Mais bien que, comparés à leurs frères des montagnes, ils puissent passer pour des astucieux, ils sont eux-mêmes continuellement trompés et trompés par leurs voisins plus habiles qui troquent des qualités inférieures de tabac, de fer, de calicot et d'autres déchets, ne valant rien, contre de véritables trésors. en rotin, canne, caoutchouc, poisons, fruits et engins de pêche que les Sakai de la plaine sont très habiles à fabriquer.

Malgré cet aiguisage de leur intelligence dû au séjour chez leurs voisins les plus astucieux ou à l'héritage du manque de sincérité, qui leur est inhérent lorsqu'ils sont nés en exil, ils ne sont pas encore capables de comprendre quel profit ils pourraient tirer en excitant la concurrence entre leurs avides marchands, et ces derniers, chacun par intérêt, se gardent bien d'ouvrir les yeux à ceux qui sont si prêts à se laisser tromper. De plus, les mauvais traitements qu'ils ont subis autrefois, et la connaissance imparfaite qu'ils ont encore de ce que signifie le protectorat britannique, les rendent timides et trop effrayés par ces marchands rapaces pour oser éprouver, en quelque manière, du ressentiment contre la prépotence qui nuit eux.

Malgré la corruption qui les a infectés à cause de leur compagnie ou de leurs relations avec des personnes corrompues, le Sakai de la plaine préserve encore une partie de sa bonté et de sa droiture originelles. On ne peut que trop dire qu'une fois débarrassé de ces fardeaux moraux qui le laissent sans défense entre les mains d'hommes sans scrupules, il aura fait un nouveau pas vers la civilisation, mais il y aura deux vertus de moins dans son patrimoine spirituel.

Le Sakai qui s'est réfugié dans la partie vallonnée de la forêt pour échapper aux influences de la civilisation qui, comme on peut dire maintenant, l'assaille de toutes parts, conserve et défend toujours la pureté originelle de sa race.

Son développement intellectuel est inférieur à celui de son frère vivant dans la plaine, car il se tient étranger à tout ce qui peut affecter sa paresse physique et l'inertie totale de son cerveau.

Il vit parce que la forêt lui donne une nourriture abondante, et il vit oisif, immergé dans d'innombrables superstitions qu'Alà *(* le sorcier) lui enjoint de toujours préserver intactes.

Si, tout à coup, un changement survenait dans la vie et les conditions de vie de ces Sakais, ils ne pourraient jamais s'adapter à un régime différent avant que des souffrances et des sacrifices extrêmes n'aient semé le nouveau chemin de nombreuses victimes.

Et pourtant, malgré tout, je le crois doté d'une assez grande intelligence, endormie pour le moment, mais susceptible de se développer une fois réveillé et avec une grande patience, on lui a lentement (presque imperceptiblement) appris à surmonter ses étranges peurs et perdre ces curieuses idées sur la vie que le vieux philosophe forestier m'a révélées.

Je dis « presque imperceptiblement » — comme je le fais moi-même depuis quelques années — qu'aucun soupçon ne peut être émis et qu'Alà *n'a* peut-être aucune raison de se rebeller contre l'introduction de sentiments modernes par des étrangers qui s'insinuent dans la tribu, des personnes qu'il ne regarde pas avec des yeux bienveillants, surtout s'ils sont blancs. Ce genre de prêtre s'oppose obstinément à tout élément de progrès et oblige son peuple à faire de même.

Préparation du souper.

J'ai mes raisons de croire à l'intelligence latente du Sakai de la montagne car j'ai remarqué chez lui une grande facilité à imiter les sons, les mouvements et même la manière de faire les choses et aussi à apprendre et à se souvenir de ce qu'on lui a appris ou vu. J'ai aperçu chez lui aussi une droiture de jugement prononcée et une acuité d'observation remarquable lorsque ses terreurs superstitieuses ne jettent pas un voile sur son esprit.

Mais il est d'une paresse incorrigible et ne s'engagera dans aucun travail exigeant de la fatigue, à moins que ce ne soit par sa propre volonté spontanée. L'esprit d'indépendance qui est en lui est si profond et si indomptable qu'il l'incite peut-être à renoncer à un bienfait pour lui-même, de peur de l'obtenir en satisfaisant le désir d'autrui.

Il est aussi très susceptible ; il suffit d'un mot dur ou d'un geste impatient pour l'offenser.

En compensation, il est hospitalier, généreux, sincère et opposé au mensonge et aux intrigues. S'il ment parfois, c'est par crainte d'un mal imaginaire ou possible qui pourrait autrement lui arriver, comme par exemple lorsqu'une personne qu'il ne connaît pas lui demande son nom ou cherche des informations sur son lieu de résidence. Dans un tel cas, le Sakai, avec quelque chose qui ressemble à une impudence enfantine, donnera un nom fictif ou des informations tout à fait contraires à la vérité parce qu'il est convaincu que tout étranger amène avec lui un mauvais esprit à déchaîner sur la personne ou le lieu qu'il cherche, et qu'en ne disant pas la vérité, il trompe à la fois l'homme et l'esprit qui ne peuvent pas le blesser car il n'est pas la personne déclarée.

Comme on peut le constater, cette façon de raisonner ne manque pas d'une certaine ingéniosité qui laisse penser que le cerveau des pauvres pourrait être éduqué à plus d'agilité de pensée et de compréhension.

Malheureusement, les moyens sont bien rares pour faire de nouvelles impressions sur la matière grise enfermée dans le boîtier osseux de leurs pates irréfléchies. La première difficulté rencontrée est l'incroyable pauvreté de leur langage qui empêche la communication et le développement d'une idée.

Je m'efforce de remédier à cette lacune en employant des mots et des expressions anglais, car c'est la langue officielle des États malais protégés et le gouvernement britannique souhaite la rendre populaire.

Les Sakais saisissent le sens et utilisent les termes de la même manière qu'ils apprennent souvent un mot en italien ou en génois que je prononce parfois en me parlant.

Je me souviens bien, un jour, que dans un moment d'irritation à cause de quelque chose qui n'allait pas, je me suis exclamé " *Sacramento* " (je m'excuse auprès de ceux qui savent quel vilain mot c'est).

Mon petit domestique qui était présent m'a regardé avec effroi, puis s'est mis à pleurer et s'est enfui comme s'il était fou, bien qu'il n'ait rien à voir avec mon mauvais caractère.

Bien, qu'en pensez-vous? Maintenant, il est courant parmi les garçons Sakai que lorsque l' *Orang Putei* se met en colère, il dit " *Sacramento* ! ". Et ils répètent le serment avec toute l'emphase et l'air d'un soldat, et pourtant je ne le leur avais pas appris et je n'aurais pas souhaité qu'ils apprennent l'exclamation.

La langue Sakai est, comme je l'ai dit, très pauvre, à tel point qu'il est impossible de former une longue phrase ou de maintenir la conversation la plus simple , car il n'y a aucun moyen de relier les différents mots les uns aux autres.

Une idée est exprimée par un seul mot ou peut-être par trois ou quatre ensemble, de sorte qu'elle demande beaucoup de pratique, d'attention et aussi une étude particulière du mimétisme qui accompagne et explique ces sons vocaux laconiques, pour permettre de suivre le cheminement. pensée.

Un groupe de garçons Bretak.

Leur vocabulaire est vite épuisé car il ne se compose que des mots strictement nécessaires pour faire connaître leurs besoins quotidiens, la nécessité de se défendre et leurs sentiments superstitieux. Ils refusent d'adopter aucune de ces expressions que leurs frères de la plaine ont apprises des autres races, les considérant comme aussi impures et périlleuses que les peuples eux-mêmes. C'est une application implacable de la maxime « *timeo danaos et dona ferentes* » par des gens qui ne comprennent pas le latin et qui ignorent l'existence des Grecs mais qui connaissent parfaitement leurs voisins étrangers.

Il est donc vain de chercher chez les Sakais ces métaphores poétiques et ce style de langage fleuri et figuratif que nous attribuons sans distinction à tous les Orientaux.

Je ne suis ni étudiant ni professeur de glottologie, me contentant de pouvoir parler une ou deux langues sans me préoccuper de leur origine, donc je n'ose pas juger sur l'affinité plus ou moins lointaine des idiomes pas trop doux du Sakai avec les autres. , mais il me semblait qu'il y avait une différence si marquée entre les phraséologies malaise et sakai que j'aurais dû les déclarer absolument distinctes l'une de l'autre.

Cependant, les études récentes de l'Allemand W. Schmidt et les plus approfondies de l'Italien A. Trombetti ont prouvé que toutes les langues parlées par les habitants de la péninsule malaise ainsi que celles que l'on entend dans les pays voisins les îles sont en relation les unes avec les autres.

La plupart des mots utilisés par les Sakais sont d'une seule syllabe, les polysyllabes étant très rares, et la manière dont ces accents sont lancés par les lèvres ferait immédiatement décider à un étranger que la meilleure méthode pour traduire son discours serait être par une volée de coups de feu.

Pour les curieux et les studieux, j'ai ajouté ici une courte liste de mots couramment utilisés chez les Sakais, mais comme leur langue est totalement exemptée de toute règle d'orthographe, j'ai essayé de mon mieux d'en donner une interprétation phonétique.

Bras	—	*Glahk*
Flèche	—	*grog*
" (empoisonné)	—	*grog mang tshegrah'*
" (pas empoisonné)	—	*grog pe'm tshegrah*
Bambou	—	*Annahd'*
Banane	—	*Tellah'e*
Noix de bétel	—	*blook*
Oiseau	—	*bon marché*
Corps	—	*Brock*
Né	—	*egoy (son alphabétique de* e)
Chalumeau	—	*blahoo'*
Frère	—	*Tennah'*
" (aîné)	—	*Tennah'bop*
" (plus jeune)	—	*manang se ne (e sonnait comme dans* met, men)
Enfant	—	*Kennon*

Cigarette	—	*rockò*
Viens	—	*hawl aghit (un* comme dans *père)*
Couverture	—	*tchenkop*
Jour	—	*e ouais top*
Mort	—	*daht*
La mort	—	*daht*
Chien	—	*mâcher*
Oreille	—	*garetake*
Terre	—	*en noos*
Soirée	—	*Danwee*
Mal	—	*ne' ghne' e' (son alphabétique de* e)
Œil	—	*mais*
Père	—	*abbaye', abbou', appah'*
" (en droit)	—	*Tennah'Amay*
Peur	—	*Sayoo Néot*
Femelle	—	*knah*
Poisson	—	*bah*
Flûte	—	*tshinelloi*
Ennemi	—	*payer le kabaad*
Pied	—	*jehoo*
Forêt	—	*dahraht*
Volaille	—	*caca*
Fruit	—	*pla'*
Bien	—	*bavarder*
Bien	—	*abbair*
Grêle	—	*tayho oontoy*
Main	—	*merci*
Nuire	—	*ne', ghne' e' (comme* le mal)

Tête	—	*kovey*
Cœur	—	*non*
Poule	—	*caca*
Colline	—	*boucle*
Chaud	—	*baykahk*
Faim	—	*Chewahr*
Mari	—	*tradition de soins*
Cabane	—	*dop*
Maladie	—	*près*
Feuille	—	*slah*
Jambe	—	*kaymung*
Foudre	—	*saigné*
malais	—	*mon Dieu*
Mâle	—	*Crahl*
Homme	—	*chanter non*
Mandoline	—	*krob*
Mangoustan	—	*jouer à Semmetah*
Beaucoup	—	*Jeho e*
Médecine	—	*penglie* (c'est-à-dire *comme dans* le mensonge)
Lune	—	*ghecheck*
Singe	—	*putain*
" (avec une longue queue)	—	*raoh*
Bouche	—	*eneoong*
Matin	—	*patte*
Mère	—	*amay, kennen, kenung*
" (en droit)	—	*abbaye de tennah*
Montagne	—	*beaucoup, boucle*

Nuit	—	*péché aviron*
Non	—	*payer non*
Midi	—	*dahjis*
Nez	—	*moh*
Vieux	—	*Din Grah*
Un	—	*nahnaw*
Personnes	—	*mon*
Plaine	—	*brouette*
Étang	—	*tebbahov*
Poison	—	*Chingrah*
Trembler	—	*verrouillage*
Rage	—	*roh*
Pluie	—	*mahny*
Rat	—	*foin loy*
Riz	—	*bah*
Rivière	—	*tayhoo*
Saison	—	*élan*
Chanter	—	*jeoolah*
Sœur	—	*Kayna*
" (aîné)	—	*taynah kaynah*
" (plus jeune)	—	*mennang kaynah*
Ciel	—	*tellement*
Dormir	—	*parier parier*
Sommeil	—	*et bien*
Serpent	—	*tipi*
Sorcier	—	*ahlah*
Esprit	—	*Ghenigh née*
" (Mal)	—	*ah aussi*

Étoile	—	*perle*
Tempête	—	*possibilité*
Soleil	—	*mahjïs*
Tonnerre	—	*nghoo*
Tonnerre	—	*nahkoo*
Tigre	—	*mah sans objet, mah non*
le tabac	—	*bahkoo*
Arbre	—	*jehoo oo*
Deux	—	*nahr*
Vallée	—	*wawk*
Eau	—	*tayhoo*
" pour boire	—	*" engot*
Mariage	—	*ba' kaynah*
Épouse	—	*ok el*
Sauvage	—	*toilette*
Volonté	—	*engot*
Vent	—	*poy*
Femme	—	*knah, soucieux*
Oui	—	*Aye Aye.* [12]

Cette langue pauvre qui semble composée de toux courtes ne perd même pas sa rudesse dans le chant, si je puis dire les sons musicaux (?) qui sortent de la bouche des Sakais, car ils n'ont pas de vraies chansons. Ils ont pourtant l'habitude d'improviser quelque chose dans lequel ils font toujours allusion aux faits du jour, mais comme il n'y a personne pour rassembler ces fragments de ballades improvisées, ils disparaissent du monde des souvenirs aussi vite qu'ils ont été assemblés.

C'est pour cela que tous mes efforts ont été vains pour trouver parmi eux quelque chant transmis de père en fils et qui, en se référant à un événement plus ou moins lointain, pourrait servir d'indice aux légendes ou à l'histoire de ce peuple mystérieux. Mais rien de tel n'existe et même en parlant, ils ne peuvent raconter quoi que ce soit de plus loin que trois ou quatre générations.

Ils ne pouvaient pas vous dire si le soleil et la forêt existaient avant que leur arrière-grand-père ne vive. On ne peut pas s'étonner de cela, quand on sait que ces pauvres habitants des parties les plus sauvages de la jungle peuvent à peine compter au-delà de trois et n'ont aucun moyen de compter le temps.

Chez eux les trois premiers nombres ne sont pas suivis d'une série d'autres qui augmentent toujours de un mais de *neer* (trois) il est rare qu'ils passent à *neer nahnò* (trois un) en sautant à *neer neer* (trois trois), et par cet ajout, ils expriment le numéro six. Ils utilisent les mots *neer neer nahnò* pour sept, puis sautent à nouveau vers *neer neer neer* qui signifie neuf.

Lors d'une naissance, d'un décès ou de tout autre événement nécessitant un délai exact de sept jours pour l'accomplissement de certaines cérémonies selon son habitude, le Sakai prend une bande de roseau ou de rotin (la divisant en parties pour la rendre flexible) avec lequel il fait deux groupes de trois nœuds chacun et un seul à part. Chaque jour, il défait un de ces nœuds et sait ainsi quand le temps prescrit est écoulé.

Si vous lui demandez s'il ne vaudrait pas mieux qu'il apprenne à compter au moins jusqu'à sept, nombre qui pour une chose ou une autre est fréquemment nécessaire dans sa vie, il vous répond invariablement :

"Nous ne savons rien. Nos pères l'ont fait et nous aussi ferons de même sans être trop fantasmagoriques".

On voit ainsi que le dicton : « Mon père l'a fait » peut être un ennemi invétéré de l'arithmétique alors qu'il établit une relation étroite entre ceux qui, dans la société civilisée, la mettaient en pratique et les sauvages habitant les hauteurs de Perak.

Le Sakai renonce à toute tentative de compter plus de neuf, et son abstention totale des poursuites commerciales lui permet d'épargner cette fatigue à son cerveau.

Deux autres cabanes solides.

Au retour d'une journée de chasse, s'ils ont eu de la chance, mes bons amis ne se soucient pas beaucoup de compter les gibiers qu'ils ont rapportés à la maison. Ils commenceront peut-être par placer leurs victimes en groupes de *près* (trois) jusqu'à ce qu'ils totalisent trois trois mais si le nombre dépasse neuf, ils les déclarent simplement *jeho e* (beaucoup) et ne se soucient pas de savoir quoi que ce soit de plus précis car ils sont. satisfaits du fait qu'eux et tous leurs parents qui aiment participer à la fête peuvent vivre de gibier jusqu'à ce que tout soit terminé.

Je me suis souvent amusé à demander à un père ou à une mère prolifique combien d'enfants ils avaient. Mes amis arrivaient jusqu'à trois mais ensuite, confus, je me suppliais de les compter moi-même, et leurs enfants devaient passer devant moi pendant qu'ils s'appelaient chacun par leur nom, par exemple : *Roy* (garçon) *Non* (garçon) *Taynah.* (fille) *Po lo* (garçon) *Tay lep* (fille) *Betah* (fille).

En les comptant sur mes doigts, je disais au(x) parent(s) qu'ils étaient six, ce à quoi ils étaient d'accord avec :

"Si vous dites qu'ils sont six, ils sont six".

Il est encore plus difficile pour les Sakais de compter le temps. Ils imaginent à peu près l'heure qu'il est par la position du soleil au-dessus de leur tête ou par les divers bruits qui viennent de la forêt annonçant, comme je l'ai déjà dit, le matin, midi et le soir, et pendant la nuit le *crescendo* et *le diminuendo* de l'heure. les rugissements des bêtes sauvages proclament les heures avant et après minuit.

La mesure du temps la plus courte que comprennent les Sakais est celle employée pour fumer une cigarette.

Ils observent, quoique pas avec beaucoup de précision, les phases de la lune qu'ils saluent volontiers à son apparition mais ils n'éprouvent aucune curiosité à savoir où elle est allée et où elle reste quand ils ne profitent pas de sa douce lumière la nuit et pendant leurs danses.

La floraison de certaines plantes et la maturation de certains fruits donnent aux Sakai une vague idée de la période de temps la plus longue qu'ils sont capables d'imaginer et qui est à peu près égale à notre année. Les saisons, que l'on ne peut reconnaître ici par la diversité des températures, se distinguent par la cueillette et le stockage des fruits qui leur fournissent de la nourriture à intervalles de temps réguliers, comme la saison *du durian* , celle du *buà pra* , du *dukon* et le *giù blo mdr* .

Je pense qu'il serait tout à fait impossible de connaître l'âge exact d'un Sakai. Parfois, après la naissance d'un enfant, ses parents font une entaille dans l'écorce d'un arbre à chaque fois que revient la saison où il est né. Mais ces signes ne durent jamais très longtemps car même si le père ou la mère n'ont pas été contraints d'abandonner leur registre d'arbres pour suivre leur clan dans une autre partie de la forêt, après la troisième ou la quatrième incision, ils oublient facilement de maintenir la pratique.

Lorsque, comme cela arrive souvent, un Sakai doit entreprendre un voyage de plus de trois jours, comme dans le cas de chercher une épouse ou de faire une grande provision de tabac pour tout le campement, lui et ceux qui restent ont recours à un nouveau calendrier en afin de se rappeler combien de jours il est absent. Ils ramassent quelques petites pierres ou petits bâtons et les divisant en trois, le voyageur en emporte la moitié avec lui, laissant le reste à sa famille. À la fin de chaque journée, ceux qui sont à la maison et celui qui est parti jettent une de ces pierres ou un de ces bâtons. Lorsque le petit stock sera terminé, le Sakai est sûr de revenir car il sait très bien que tout retard supplémentaire serait la cause de graves appréhensions et d'anxiétés chez ses proches qu'il tient à leur épargner.

Certains d'entre eux adoptent à cette occasion le même système que pour compter les jours des cérémonies traditionnelles, c'est -à-dire en faisant et en dénouant des nœuds dans une bande de *scudiscio* . [13]

Parmi les peuples orientaux non encore civilisés, les Sakais sont les moins connus, et pourtant je crois fermement qu'ils pourraient surpasser les autres en intelligence — comme ils les surpassent sans aucun doute par de solides qualités morales — s'ils étaient l'objet de soins et de soins assidus. intérêt bienveillant.

Une fois que ces pauvres habitants de la jungle pourraient avoir pleinement confiance en leurs protecteurs blancs, il me semble que la meilleure chose que l'on puisse faire pour eux serait de les inciter, peu à peu, à se consacrer à l'agriculture.

Mais leur aversion pour tout type de travail ne peut être vaincue par des moyens coercitifs ou par la prédication évangélique. Ils se rebelleraient autant contre l'un que contre l'autre car ils souhaitent être maîtres absolus de leur propre volonté et de leur propre conscience. Et cette liberté de pensée et d'action doit leur être laissée tandis que très lentement et avec beaucoup de patience, à force d'exemple et de douce persuasion, on leur fait comprendre qu'en faisant ce que nous voulons, ils nous procurent un plaisir qui sera largement compensé par le tabac et les nombreuses bagatelles qui font la joie et la vanité des sauvages.

Celui qui rêverait de les racheter de leur état d'ignorance actuel en les traitant arbitrairement et en blessant ainsi leurs sentiments et en insultant leurs croyances, trouverait son entreprise non seulement infructueuse mais aussi dangereuse car il serait immédiatement considéré comme un ennemi et l' *Alà* ne manquerait pas de le faire. inciter à la vengeance contre lui dans les esprits troublés de la tribu.

Je pense que la méthode la plus prometteuse quant à ses résultats est celle que j'ai moi-même prouvée. Je me suis glissé parmi eux, vivant la vie qu'ils vivent et respectant leurs opinions et leurs superstitions, tout en cherchant indirectement à les guérir de leur paresse naturelle.

Les Sakais sont nomades pour deux raisons : d'abord, parce que lorsqu'ils ont épuisé, par leur prodigalité, les trésors comestibles que le sol forestier leur produit sans travail, dans les étendues de terre à la portée de leur établissement, ils changent de résidence. vers un quartier frais où ce produit inculte est depuis longtemps en surabondance ; Deuxièmement, parce que lorsque quelqu'un d'entre eux meurt, ils croient qu'un mauvais esprit est entré dans leur village et que pour se libérer de son influence maligne, il faut fuir vers une autre partie.

Eh bien, plus d'une fois, j'ai tenu à dormir dans une cabane récemment visitée par la mort pour leur montrer à quel point l'idée était absurde. Au début, ils se tenaient à distance, regardant l'endroit abandonné et croyant que moi aussi j'étais mort, mais découvrant ensuite, à leur immense étonnement, que j'étais toujours en vie et en bonne santé, ils commencèrent à douter de leur propre superstition et à construire leurs huttes. un peu plus solides pour qu'ils soient d'une plus grande durabilité.

Renversés d'une manière définitive l'un des motifs de leurs errances, l'autre cesserait d'exister à partir du moment où on leur apprendrait à travailler la terre. Dans ce but, je fais de temps en temps une distribution de padi ou de maïs et je suis heureux de voir que peu à peu les misérables parcelles autrefois grossièrement semées de maïs deviennent maintenant de vastes champs.

Comme le vieux philosophe que j'ai trouvé dans la forêt, les autres Sakais n'ont jamais pensé, ou plutôt se sont laissés penser, quel avantage ce serait pour eux de faire pousser les choses qu'ils préfèrent, autour de leurs cabanes, au lieu de se sentir obligés de se les procurer. des autres, et ils partageaient évidemment son aversion à l'idée de torturer la terre avec du fer, car avant mon arrivée et mon séjour parmi eux, ils brûlaient simplement la moelle des arbres et des plantes qu'ils abattaient et dans le lit formé par les cendres, ils jetaient indistinctement bulbes et graines. , les couvrant tous deux de leurs pieds ou d'un morceau de bois, et ensuite ils n'en prirent plus soin.

Mais cette prétention de cultiver n'était rien de moins qu'un caprice avare et n'aidait en rien leur économie nationale. Les produits de la plantation qui leur avaient coûté si peu de fatigue étaient considérés comme des excédents de nourriture et ils mangeaient en quelques jours ce qui aurait pu leur durer des mois, invitant des amis encore plus paresseux qu'eux (qui ne s'étaient pas donné la peine de imiter ce mode d'agriculture rudimentaire) pour participer au festin du gavage.

Ce serait une véritable bénédiction pour ces Sakais qui ont déjà commencé à cultiver leurs champs, de travailler avec moi dans les plantations que je fais, de m'aider à récolter les produits de la jungle et de s'appliquer à quelque industrie simple, si quelques bons Des familles d'agriculteurs européens au bon cœur et économes devaient venir vivre parmi eux. De cette manière, mes amis de la forêt feraient des progrès rapides et immenses car ils ont déjà montré leurs aptitudes et leurs capacités et le gouvernement britannique disposerait en très peu de temps d'une colonie florissante en les mettant ainsi en contact direct avec une civilisation saine faite de bonté. la rectitude et le travail honnête sans qu'ils perdent quoi que ce soit de leur intégrité caractéristique à cause de l'influence contaminante de faux principes évolutionnistes.

Il est vrai que les vastes domaines de l'Angleterre réclament une immense quantité de soins et d'énergie, mais ses dirigeants font preuve de suffisamment d'activité et de sagesse pour répondre à ces besoins et n'auraient aucune raison de regretter, mais plutôt de se réjouir, s'ils devaient étendre leur bienfaisance jusqu'au bout. de dignes tribus de Sakais errent maintenant sur Perak et Pahang.

Revenant au caractère de mes amis qui ne sont plus nouveaux, je dois vraiment répéter que nous serions heureux si nous pouvions trouver des traits similaires chez beaucoup de personnes appartenant à la société civilisée.

Que je sois prévenu de la sympathie que j'éprouve pour ce peuple parmi lequel je vis et qui m'a accordé l'hospitalité sans aucune limite, je vous laisse juger, aimable lecteur, vous qui avez la patience de parcourir ces modestes pages écrites, non par un élan de vanité personnelle, mais en toute sincérité, et dont le seul but est de faire du bien aux pauvres Sakais, inconnus du monde en général et calomniés par ceux qui les connaissent et qui ont intérêt à empêcher toute sorte de rapports avec eux. d'autres étrangers en plus d'eux-mêmes.

Personne n'a jamais enseigné aux Sakai à être honnêtes et comme ils ne connaissent aucune sorte de maximes morales, il va de soi que cette honnêteté qui se reflète dans leurs regards, leurs paroles et leurs actes dépend de leur caractère naturel et de leur façon de vivre.

Le vrai Sakai recule devant tout ce qui s'approche de la violence et n'attaque jamais un semblable à moins qu'il ne se croit ou que sa famille soit sérieusement menacée ou maltraitée.

Un jeune homme se procurant de la nourriture avec sa sarbacane.

Paolo Mantegazza a écrit que la nature d'une arme indique non seulement la capacité technique d'une race mais aussi son degré de férocité. Toutes ces armes qui servent à faire souffrir au lieu de tuer sont des signes certains de cruauté.

Eh bien, le Sakai n'inflige aucune souffrance à son ennemi. Les terribles poisons avec lesquels il teint ses flèches mortelles provoquent une mort presque immédiate, et son seul motif de tuer est de se débarrasser de quelqu'un dont il pense qu'il lui fera du mal, mais si son ennemi s'enfuit avant de pouvoir le toucher, il ne le suivra pas non plus. ni lui tendre une embuscade. Il pourrait presque prendre pour devise le célèbre vers de Niccolini :

Ripassi l'Alpi e tornerà fratello. [14]

Même si leurs caractères doux et paisibles ne les ont pas dissuadés de commettre un acte criminel, si leur indolence et leur manque de sentiments passionnés n'étaient pas des garanties contre le mal, l'absence totale de pouvoir d'incitation les empêche de commettre un acte coupable. Pourquoi devraient-ils voler alors que les biens de leurs voisins sont aussi les leurs ? Quand tout appartient à tout le monde, qu'il s'agisse d'une riche réserve de viande, de fruits, de céréales, de tabac ou d'un logement dans une cabane abritée ? Et pourquoi devraient-ils tuer quelqu'un ?

Par pure malignité ? Parce qu'il n'y a aucune autre raison pour provoquer une telle méchanceté. Ils n'ont aucune excuse pour la jalousie, même s'ils étaient capables de l'entretenir, car lorsque deux jeunes gens s'aiment, aucune pression n'est jamais exercée sur eux pour étouffer leur amour ou pour fixer leurs affections sur un autre par ambition ou par quelque sorte de désir. respect hypocrite des usages de la société. Si le marié amoureux sait manier sa sarbacane assez habilement pour procurer de la nourriture animale à sa femme, leurs désirs amoureux sont immédiatement satisfaits. Il en va de même pour les couples plus matures. S'il arrive qu'un homme ne se soucie plus de sa femme ou qu'une femme ne se soucie plus de son mari (ce qui arrive rarement) ou s'ils ont rencontré quelqu'un d'autre qu'ils préfèrent, il n'en résulte aucune intrigue amoureuse démoralisante ou un flirt coupable ; ils annoncent simplement leur changement de sentiment à leur moitié conjugale et si celle-ci nourrit encore un attachement sincère pour le partenaire infidèle il s'empressera de rendre l'autre heureux en renonçant à tout droit sur l'être aimé et ils acceptent de se séparer. dans les meilleures conditions, comme ils le font aussi lorsque, par hasard, ils sont réciproquement fatigués de la compagnie les uns des autres. Le fait ne donne pas lieu à un drame, à une tragédie ou à une fureur à la Othello.

Maintenant, dites-moi sous quelle impulsion le Sakai peut-il devenir un criminel ?

Il est honnête et sincère en raison de la gentillesse et de l'indolence de son caractère, en raison de la vie libre qui est la sienne et de la société de personnes comme lui, non pas parce qu'il craint d'être puni ou qu'il a l'espoir d'un prix au Ciel.

Ce fait étrange n'incitera-t-il pas quelque génie de l'État à méditer sur le sujet, la preuve étant pleinement que l'alliance de la prison et de l'enfer ne parvient pas à éradiquer les germes de la corruption et du crime dans les nations civilisées ?

Cette honnêteté innée du Sakai se révèle particulièrement dans la manière dont il respecte tout engagement qu'il a, de son propre chef, assumé. Méfiant à l'égard des autres, violent et apparemment dominateur par la vivacité avec laquelle il parle et gesticule, dès que le marché est conclu, il le tient fidèlement à la lettre.

Conformément à l'habitude qu'ont tant le Sakai des collines que son frère de la plaine de ne pas pourvoir à l'avenir, il consommera avant même sa part de l'échange convenu, mais il remplira néanmoins ses devoirs envers le autre avec la ponctualité la plus scrupuleuse.

Bien des fois, j'ai laissé intentionnellement à l'extérieur de ma cabine des objets susceptibles d'exciter chez les Sakais le désir de possession, mais à mon retour, je les ai toujours trouvés intacts et à leur juste place. Mon habitation est toujours ouverte, même lorsque je suis loin mais je n'ai jamais raté un seul objet.

Un peu par habitude, un peu par vertu que j'ai souvent évoquée, et un peu, très probablement, parce qu'il est trop paresseux pour être autrement, le Sakai est un homme juste et intègre. Il a un grand respect pour les vieillards, recherche leurs conseils et, bien plus encore, les suit ; il a un profond sentiment de gratitude, est altruiste, ouvert de cœur et d'ouverture, et toujours prêt à rendre service à ceux qui appartiennent à son propre village. Et cette exclusivité est un des curieux contrastes qu'on peut parfois remarquer dans la nature humaine.

En rencontrant sur son chemin une personne qui souffre manifestement et qui a besoin d'aide, s'il ne reconnaît pas en lui ou en elle un membre de sa propre tribu, il passera à côté avec indifférence et grognera cyniquement : " Tant pis pour eux ".. Mais si la même personne faisait appel à sa charité sur le seuil de sa rude demeure, elle recevrait l'hospitalité sans être connue, et en cas d'accident ou de tout autre malheur qui aurait causé du chagrin ou des ennuis à un parent, aussi éloigné soit-il, il partagera leur affliction et fera tout ce qu'il peut pour les soulager de leur détresse.

Après tout cela, cette observation attentive et continuelle me permet d'affirmer, ne puis-je pas demander au public, ou du moins à ceux qui m'ont suivi jusqu'ici dans mes divagations : ce type de sauvage ne pourrait-il pas être cité en exemple de perfection ? à beaucoup de nos connaissances dans le monde civilisé dont la limite de l'honnêteté est là où elle cesse de rapporter du profit, qui méprisent la pensée de gratitude pour une faveur reçue comme étant incompatible avec leur « esprit d'indépendance » et qui ne perdent jamais une occasion de donner l'exemple le tendre amour fraternel de Caïn ?

Notes de bas de page :

[12] L'auteur de ce livre a donné la prononciation des mots ci-dessus selon les sons et les règles de l'italien et il a été difficile de les présenter sous une forme suffisamment orthoépique pour que les lecteurs anglais puissent les comprendre, car tous les voyelles et de nombreuses consonnes sont articulées si différemment dans les deux langues.

Lorsque *a* est suivi de *h,* il doit être prononcé comme dans *père* ; par *était* comme en *tout* ; par *y* comme en *mai* . Les consonnes *g k* et *n* qui précèdent certains mots et qui seraient muets en anglais doivent être très légèrement accentués du même son qu'ils ont dans l'alphabet. — *Notes du traducteur.*

[13] Le *scudiscio* est un très gros champignon qui pousse sur les arbres. On le casse facilement en lanières que les Indigines utilisent pour attacher leurs objets et se mettre autour du cou pour se protéger de la fièvre. Les Sakais l'appellent *tennak kahràh,* ce qui signifie littéralement « la racine d'une pierre ».

[14] Remontez les Alpes et nous serons à nouveau frères.

CHAPITRE XIII.

Premiers essais industriels — Histoire d'un chapeau — Multiplicité — Arts primitifs — Musique sakai — Chansons — Instruments — Danses — Robes de bal — Gracieuseté serpentine — Une chanson Sakai inédite.

Les primitifs, comme leur langue et leur agriculture, sont aussi l'Art et l'Industrie chez les Sakais.

Ils fabriquent des sarbacanes, des flèches et des carquois en bambou, des cordes en fibres végétales torsadées, des boucles d'oreilles et des peignes ornementaux pour les femmes. Maintenant, sous ma direction, ils ont commencé à tresser des nattes avec des herbes séchées, ainsi que des sacs et même des chapeaux, en utilisant pour ces derniers la partie fibreuse du pandanus, et en copiant celui de Panama que je leur ai donné comme modèle. Je ne peux pas donner une estimation du temps et de la patience que j'ai consacrés à ce nouveau secteur industriel.

La première fois que j'ai parlé de cela aux femmes, j'ai eu le succès peu enviable de les faire rire de bon cœur. Et je riais avec eux, en remarquant cependant que, comme ils étaient si bons et si intelligents, ils n'auraient aucune difficulté à accomplir l'exploit s'ils voulaient seulement essayer.

La vanité est la grande source de l'âme d'une femme qui ne résiste pas au charme de la flatterie. Cela est prouvé par l'Histoire depuis Ève jusqu'à nos jours et je l'ai moi-même prouvé lorsque j'ai encore parlé des chapeaux. Les rires n'étaient pas si forts et cessèrent bientôt complètement. Enfin les femmes me répondirent d'un air contrarié et mécontent que mon insistance les contrariait. Je sus alors que la forteresse était sur le point de capituler et je redoublai mes attaques.

Le jour de la reddition était proche.

Une jeune fille, accompagnée d'un groupe de compagnons curieux et moqueurs, s'est présentée à ma cabane, apportant avec elle quelque chose en forme de chapeau qui était censé être une imitation du mien. C'était plein de nœuds, de plis et d'autres défauts.

La petite artiste était très confuse et mortifiée mais j'ai beaucoup loué son travail et après lui avoir montré les erreurs qu'elle avait commises, je lui ai offert plusieurs colliers de perles.

En quelques jours les chapeaux se multiplièrent. Les autres filles et les femmes, voyant les cadeaux que j'avais faits à leur compagne, se sentirent offensées et se livrèrent avec fureur à la confection du couvre-chef que je désirais, améliorant la forme jusqu'à obtenir une copie exacte du modèle.

Quand certains eurent fini, ils me les apportèrent et les jetant par terre avec un geste de mépris s'écrièrent :

"Là ! prenez vos chapeaux !" Mais une généreuse distribution de perles fit bientôt leur retour de bonne humeur.

C'est ainsi que j'ai pu démarrer cette nouvelle industrie en flattant la vanité des femelles Sakai (« oh, Vanité, ton nom est Femme » même parmi les sauvages) et les biens produits, après avoir reçu une médaille d'argent et un diplôme à Penang. furent l'objet de l'admiration générale à l'Exposition de Milan de 1906.

Il y a quelque temps maintenant que j'ai amené les hommes à travailler le fer. Je leur fournis la matière première et c'est vraiment étonnant de voir à quel point ils arrivent à fabriquer des couteaux sans posséder aucun des outils utilisés dans le métier.

Lorsqu'ils comprirent la nécessité d'un feu très violent pour réduire le métal dans un état tel qu'ils puissent lui faire prendre la forme désirée, ils essayèrent de composer une sorte de soufflet et réussirent enfin de la manière suivante.

Au bas d'un très gros morceau de bambou, ils percèrent un trou dans lequel ils en insèrent un plus petit, les joignant et les fixant ensemble avec de la gomme afin que l'air ne puisse pas s'échapper de la mauvaise partie. Puis, à l'extrémité d'un gros bâton, ils attachèrent un bouquet de feuilles et d'herbes assez gros pour passer difficilement dans le tube de bambou. En travaillant comme un piston, l'air était expulsé de la canne de bambou inférieure et allumait un feu vif.

Une fois que le fer a pris la forme voulue, alors qu'il est encore chauffé au rouge, on le jette dans une boue bleuâtre qui sent le soufre et on l'y laisse tempérer.

En fait, le métal se tempère et devient très dur, mais je n'ai pu dire à personne quelles propriétés contient cette terre visqueuse ni comment les Sakais ont appris à connaître sa valeur en relation avec le fer. Je sais seulement qu'il faut creuser très profondément dans le sol avant d'y parvenir, ce qui n'est ni facile ni agréable, faute d'instruments nécessaires.

L'acier étant un article très rare parmi mes bons amis, ils ont appris à en faire une grande économie en l'utilisant uniquement pour les lames des couteaux et à d'autres fins. Ils mélangent les deux métaux avec une habileté surprenante.

C'est la mesure la plus audacieuse et la plus intelligente que les Sakais aient jamais prise jusqu'à présent dans le domaine de l'industrie.

Dansant.

Cet art qui exprime une pensée élevée et un raffinement d'esprit, sous quelque forme qu'il se manifeste, est à son plus bas niveau parmi les Sakais et surtout l'art représentatif, bien qu'il soit curieux de remarquer à quel point ils préfèrent (je parle du sexe masculin) cette dernière à celle des sons. La musique peut procurer quelques instants de bonheur à celui qui s'abandonne à ses charmes mais elle est éphémère et, avec eux, ne laisse aucune réminiscence à celui qui l'interprète ou à celui qui l'écoute ; au contraire, l'art représentatif demeure et peut aussi donner satisfaction à l'amour-propre de l'artiste. Elle se limite à quelques dessins grossiers et à des incisions encore plus grossières sur les sarbacanes, les carquois et les peignes des femmes et leurs boucles d'oreilles.

Le bambou est le principal matériau utilisé pour fabriquer leurs accessoires de chasse, leurs parures personnelles et leurs ustensiles domestiques.

Les peignes sont grands et leurs dents varient de 2 à 4 en nombre. A travers eux sont sculptés, plus ou moins profondément découpés, divers signes, certains de forme angulaire qui affichent une précision géométrique assez correcte et d'autres en lignes courbes, tous destinés par les différents artistes à représenter des têtes d'oiseaux, des serpents ou des plantes. . Parfois cette intention est exprimée assez clairement ; dans d'autres, une interprétation est nécessaire.

Les plantes ainsi reproduites sont toujours médicinales ou celles auxquelles la superstition attribue quelque vertu, de sorte que l'art primitif est en grande partie dû au désir de posséder une amulette.

Les mêmes motifs se retrouvent sur les boucles d'oreilles, les sarbacanes et les carquois. Les Sakais sont très fiers de ces incisions et celui qui en possède le plus sur son arme jouit d'une certaine renommée. Naturellement, cela le rend quelque peu jaloux de sa canne finement décorée, bien plus que de sa femme, qui, de son côté, ne lui donne aucune raison de cultiver la connaissance du démon jaune.

Jusqu'à l'heure où j'écris, le génie artistique des Sakais n'a pas dépassé cette limite, à moins de compter les horribles peintures sur leurs visages et leurs corps, mais cette branche de l'art - il peut sembler irrévérencieux, mais néanmoins vrai, de le dire — évoque les toilettes délicates et les boudoirs douillets d'autres parties du monde, au cœur même de la civilisation, où ses adeptes pensent embellir (mais souvent endommager) la nature.

Oh! quel chœur de voix argentées m'appellent aussi, un sauvage !

Les Sakais aiment la musique mais presque toujours les notes sont accompagnées d'un mouvement de danse, parfois légèrement comme pour marquer le temps, mais d'autres fois ils donnent des coups de pied si furieux, en même temps se tordant et se tordant leur corps dans une série si étrange. de contorsions qu'un spectateur non initié aurait sûrement l'impression qu'il souffre de douleurs spasmodiques au ventre, alors qu'en réalité il ne fait qu'imiter les frémissements d'un serpent.

La femme aime particulièrement la danse et avec elle elle mesure les cadences de ses propres chansons et donne du relief aux paroles elles-mêmes tandis que ses compagnes répètent une sorte de chœur qui complète le passage musical.

Jouer du "ciniloi".

Il ne faut cependant pas croire que le chant tel qu'on le connaît chez les Sakais soit le son mélodieux que nous avons l'habitude de considérer comme tel. Il s'agit chez eux d'une émission de notes, généralement gutturales, qui s'alternent capricieusement sans aucune variété d'air et qui, dans leur intégrité, n'expriment aucune pensée musicale.

Les femmes chantent avec plus de monotonie, mais avec plus de douceur, que les hommes. Souvent ils se réunissent en groupes pour chanter et danser, et c'est, je crois, le moment le plus gai de leur vie et à cet honnête plaisir ils s'abandonneront avec ravissement, oubliant la fatigue de la journée. Alors la coquetterie féminine triomphe devant les autres filles et les jeunes gens.

Lorsque la nuit tombe, l'air devient frais, voire froid plus tard. Après avoir fini leur repas du soir, les vieillards et les enfants s'étendent pour dormir autour du feu toujours allumé. Les femmes sont assises et tissent des sacs, des nattes et des chapeaux, leur travail étant éclairé par des torches allumées composées de bâtons et de feuilles recouvertes de résine trouvée dans la forêt. Dans la mesure où leur pauvre langage le permet, ils bavardent et plaisantent entre eux, tout en riant bruyamment.

Les jeunes hommes sont dispersés partout, préparant leurs flèches pour la chasse du lendemain, les trempant dans la décoction empoisonnée lorsqu'elle est bien chauffée.

Le travail ne tarde pas à devenir fastidieux pour les filles. Ils se lèvent d'un bond et se barbouillent le visage de façon grotesque. Avec des feuilles de palmier, ils délimitent un espace de quelques mètres carrés qui doit être réservé aux danseurs, et alors commence le chant des femmes auquel s'ajoutent bientôt les voix plus fortes des hommes. Parfois, le chœur est accompagné d'un orchestre composé des instruments que les Sakais savent jouer.

Ils prendront deux cannes de bambou de six, huit pouces ou plus de diamètre, en prenant soin de sélectionner un roseau mâle et femelle. Ceux-ci se battent violemment les uns contre les autres, le résultat étant une note grave aux vibrations prolongées qui réveille les échos de la forêt mais pas les vieillards et les enfants qui dorment.

Il existe également le *krob,* une sorte de lyre très primitive constituée d'un morceau de bambou court mais robuste sur lequel deux fibres végétales sont étroitement tirées. Le plectre utilisé par le joueur est tout aussi primitif : il s'agit d'une arête de poisson, d'une épine ou d'un morceau de bois. Le son provoqué par le grincement des deux cordes est plus harmonieux qu'on pourrait le croire.

Mais les Sakais possèdent en outre un instrument à vent qui demande plus d'études tant dans la fabrication que dans le jeu.

Elle appartient à la famille des flûtes et est bien entendu en bambou. Comme tous ses frères du monde, il est ouvert à une extrémité, avec trois ou quatre trous sur la face supérieure.

Avant de le jouer, l'interprète bouche soigneusement une de ses narines avec des feuilles, puis applique l'autre dans le premier trou dans lequel il souffle doucement avec son nez. De l'instrument sort une note douce et mélancolique. En laissant tous les trous ouverts, on obtient un *sol clair (G)* ; en les fermant tous a *mi bemolle* (mi bémol) ; le premier trou donne la note *mi* (E) et le deuxième *fa* (F).

Le *ciniloi* [15] (car ainsi on l'appelle) n'est pas artistique à l'oeil et perd toute sa poésie quand on voit son propriétaire se moucher dedans mais les notes qui s'en dégagent respirent un vague sentiment de mélodie et de tristesse pas tout à fait désagréable. .

Certains Sakais maîtrisent parfaitement cet instrument et les femmes aussi le préfèrent au *krob* . Ils semblent trouver un plaisir extrême à émettre ces sons longuement soutenus et plaintifs, comme s'ils étaient bercés par un rêve ou absorbés dans quelque pensée pathétique.

Lors des occasions festives, où la solennité du divertissement augmente proportionnellement au bruit émis, l'orchestre est au complet. Les chœurs braillent, les bambous assourdissent avec leur bruit fort comme celui d'énormes cloches de bois, les *krobs* sanglotent désespérément sous la façon dont ils sont traités par le plectre, les *ciniloi* sifflent et lamentent, et tout cela sans mesure fixe de temps ni de modulation . de tons, dans une confusion de sons si discordants qu'ils rappellent un très, très faible écho des concerts nocturnes infernaux de la forêt.

L'appel de l'orchestre et le chant commencé, les danseuses avancent par deux ou trois dans l'espace ouvert délimité par les feuilles de palmier. Leurs traits sont méconnaissables tant ils sont défigurés avec des rayures et des barbouillages rouges, blancs, noirs et parfois jaunes.

Leur costume de bal est extrêmement simple. Ils abandonnent simplement la ceinture de beauté ou de chasteté qu'ils portent habituellement et se présentent au public comme Ève le fit à Adam ; ou comme autant de Vénus à la peau brune et aux masques bigarrés.

Ils sont cependant abondamment ornés de fleurs.

La première fois que j'ai vu un spectacle similaire, j'ai été frappé de surprise, mais ensuite, en me rappelant la coupe de certaines robes du soir portées par nos dames de la Société, j'en suis venu à la conclusion qu'en comparant les vêtements avec lesquels ces dernières et les femmes Sakai y sont habituellement couvertes, Il n'y avait rien à dire sur la différence faite dans les toilettes lors des grandes occasions festives.

Mais revenons aux danseurs. Ils tiennent dans leur main droite un bouquet de feuilles de palmier et commencent leur représentation par des révérences, des sauts et les contorsions dont j'ai parlé ; puis s'en suit un mouvement ondulatoire des flancs qui se précipitent en avant, un peu dans la même position que les danseurs "cake-walk", frappant légèrement les feuilles dans leur main contre d'autres du même genre qu'elles ont fixées sur leur hanche droite.

La danse est un exercice continu des articulations et des muscles, mais son balancement n'est pas sans grâce et montre toute la beauté séduisante des filles dont la fraîcheur n'a pas été détruite par l'amour et la maternité.

Il y a peut-être un peu de vanité innocente dans ce concours terpichoréen, car chaque mouvement, chaque saut, chaque contorsion reçoit la plus grande attention et est suivi d'admiration et d'applaudissements, lorsqu'il est digne de la démonstration, de la part de ceux qui ont dansé avant ou doivent le faire après.

Les hommes participent parfois activement à la danse mais leurs pas et leurs mouvements sont toujours les mêmes que ceux des femmes.

Ce qui est étrange, c'est qu'ils prennent le serpent pour modèle de grâce et d'élégance et cherchent à copier le plus fidèlement possible la souplesse de son corps et le mouvement de glisse propre à ce reptile.

Une personne malveillante trouverait peut-être ici l'objet d'un sarcasme spirituel en pensant que dans la forêt les serpents sous l'apparence des femmes dansent seuls mais qu'avec nous, si nous voulons danser, nous sommes obligés de les embrasser !

Ces danses durent souvent jusqu'à l'aube, comme c'est le cas lors de nos propres soirées.

Ni le chant, ni la danse, ni le son de ces instruments primitifs ne prennent jamais le caractère d'une manifestation religieuse.

Uniquement les nuits égayées par le clair de lune, pendant qu'ils dansent en plein air, leurs chants impromptus contiennent un salut à l'orbe brillant qui préside leur fête et qui, de ses rayons argentés, en rehausse la jouissance. Mais rien en cela n'indique l'existence d'un culte particulier.

Un trio pour instruments Sakai.

Là-bas, ils ne dansent pas avec l'intention d'intriguer, ni avec le prétexte et l'espoir de rencontrer des jeunes gens de sexes opposés pour allumer l'étincelle fatale qui les conduira au mariage ; là, ils dansent pour le pur plaisir de danser, pour une jouissance sincère et chaleureuse, sans autre intention ni désir, car, comme je le dis ailleurs, les jeunes gens et les jeunes filles d'un même village étant tous parents, le mariage n'est pas permis entre eux. ; les épouses doivent être choisies dans une tribu différente. Cette sage coutume a évidemment été établie pour exclure les unions consanguines (avec leurs conséquences dégénératives) et peut-être aussi pour consolider les liens fraternels entre personnes de même race.

Je pense que si Mantegazza avait jamais été présent à l'une de ces danses des filles Sakai, il aurait ajouté une autre belle page à son *estasi umane* ("Extasies humaines") car lors de ces petites fêtes, qu'elles aient lieu dans la cabane ou à l'extérieur , on ne voit jamais de visages boudeurs, de sourcils froncés ou toute autre indication de préoccupation ou de passion. Tout le monde est joyeux et leur joie se lit sur leurs visages (malgré la façon effrayante dont ils sont enduits de peinture) et brille dans leurs yeux ; heureuses sont les femmes qui soufflent dans la flûte, râpent le *krob* ou battent les bâtons de bambou ; heureuses sont les filles qui dansent ; Heureux les jeunes qui se joignent au chœur. C'est un amusement innocent pour des âmes innocentes.

Pour terminer ce chapitre, je donne ici une traduction très libre d'une chanson, dont j'ai pu saisir et retenir les paroles, qui est sortie de la bouche de mes chers amis à mon retour parmi eux après une longue absence :

"Par-delà les montagnes et les rivières, vous avez traversé pour venir parmi nous comme un ami, comme un ami qui ne nous fera pas de mal, et voici, nous sommes ici pour vous rencontrer, emportant avec nous tout ce que la forêt nous a apporté aujourd'hui.

"La montagne claire et belle a annoncé la bonne nouvelle et maintenant tu es revenu vers nous qui nous réjouissons de te revoir".

La forme n'était pas telle, mais j'ai donné la pensée exactement, une pensée, comme vous le voyez, pleine d'affection et avec un très léger parfum de poésie. Vous ne m'accuserez donc pas d'être trop optimiste lorsque j'affirme que le Sakai, malgré son apparence d'homme sauvage de la brousse, sauvage, méfiant et superstitieux comme il est, est susceptible de progrès intellectuels rapides chaque fois que le droit le permet. les moyens sont utilisés en sa faveur et dans ce but.

Notes de bas de page :

[15] Prononcé *chinneloy* — *Note du traducteur.*

CHAPITRE XIV.

Les croyances et superstitions des Sakais — Métempsycose — L' esprit maléfique — Superstition chez les sauvages et ignorance chez les gens civilisés — Les deux sources de la vie — Le vent — Le prêtre et médecin ALÀ — La veillée scientifique — Vénérable imposture ! — TENAC et CINTOK [16] — Torture thérapeutique — Contagion — Mort d' un Sakai — Le village déserté — Deuil — Naissances — Feu — Obscurité intellectuelle — Les Sakais et l'islamisme.

Le bon notaire Chirichillo, né dans l'imagination fervente d'Ippolito Nievo, croyait fermement que les nombreuses tribulations de sa modeste vie seraient un jour compensées par Dieu, et que cette récompense serait une seconde naissance, lorsqu'il revivreait dans une autre personne, sous un autre nom et sous une meilleure étoile.

Bien que moins érudits et bien qu'ils n'aient qu'une vague intuition de l'idée relative à l'immortalité de l'âme, les Sakais ne refusent pas désormais la théorie de la récompense ou du châtiment. Selon eux, l'esprit libéré du corps erre dans les airs et reprend souvent, de manière transitoire, une forme corporelle sous la forme de certains animaux (notamment le tigre, c'est pourquoi la bête terrible est respectée comme presque sacrée par les esprits). eux) ou bien il se réfugie dans certaines herbes qui acquièrent ainsi des propriétés curatives.

En aucun cas un Sakai ne tuera, blessera ou ne posera volontairement un piège aux animaux qu'il croit consacrés par la présence d'un esprit, cela est si vrai que même en préparant l'un des pièges habituels pour attraper du gros gibier, il se tournera vers le partie la plus épaisse de la forêt et murmure : « ceci n'est pas à toi » pour avertir le tigre d'être sur ses gardes. Et si quelqu'un était attrapé, cela causerait un véritable chagrin au Sakai qui, soyez-en sûr, lui rendrait immédiatement sa liberté s'il ne l'avait pas trouvé mort ou s'il ne craignait pas d'être tué lui-même dès qu'il serait libre. Le Sakai ne croit pas à la mort naturelle d'une personne mais attribue le décès au sortilège de l'Esprit Malin qui veille continuellement à jouer ses mauvais tours. Il est si prêt à faire du mal qu'il se glisse même dans les petits trous pratiqués dans leurs dards, emportant ainsi la mort là où ils frappent, sans quoi le poison n'aurait pas la force de tuer.

C'est cette superstition qui inspire toutes sortes de terreurs aux habitants de la jungle et qui rend si difficile de les approcher et si dangereux de troubler la sérénité de leurs esprits simples. Le vent, les orages, les violents ouragans qui envahissent fréquemment la forêt, apportant destruction et peur sur leur passage, sont les véhicules utilisés par cet Esprit Malin pour déclarer une guerre ouverte contre les sauvages effrayés.

Lorsque les nuages commencent à s'accumuler épais et menaçants, d'abord avec un rugissement lointain, puis avec la fureur et la voix d'un ouragan, le vent souffle avec violence, hurlant et sifflant sur la grande mer verte qui est rapidement semée d'épaves ; lorsque les champions colossaux de la forêt sont frappés par la foudre et que la chute de leurs énormes branches et de leurs troncs gigantesques augmente le tumulte général, tandis que le grondement de l'artillerie du Ciel tonne autour de leurs huttes, alors les Sakais tremblants se rassemblent. Ils se maquillent de manière à effrayer le diable lui-même (ce qui est pourtant leur intention) et lancent de leurs sarbacanes une volée de flèches empoisonnées, dirigées contre les messagers tumultueux de l'Être terrible qu'ils craignent ; les femmes, tenant leurs enfants à leurs côtés comme pour les défendre, jettent en l'air des morceaux de bois brûlant et battent leurs gros bâtons de bambou jusqu'à ce que le bruit soit insupportable, en criant en même temps au vent :

«Va-t'en et laisse-nous tranquilles! Nous ne t'avons pas fait de mal, alors ne nous fais pas de mal !» .

Alors ils implorent et imprègnent, se transformant en créatures les plus laides et les plus féroces possibles, pour effrayer les mauvais esprits qui, selon eux, sont venus contre eux sur les ailes déployées de la tempête.

Aux cris sauvages, aux tirs de flèches et au grand bruit des bambous, les mères ajoutent un exorcisme. Ils brûlent des mèches de cheveux de leurs petits et dispersent les cendres au vent pendant que l' *Alà* crache énergiquement.

Et dans l'Italie civilisée, n'existe-t-il pas une superstition très semblable à celle des pauvres sauvages ? Je veux parler de l'étrange coutume encore observée dans les campagnes, ou du moins dans certains villages (et qui, il n'y a pas si longtemps, était également mise en pratique dans les villes) de tenter d'arrêter un gros orage, par le tocsin, le une sonnerie profonde et notée augmentant l'alarme générale parmi les timides des lieux. Les femmes aussi se dirigent vers la porte et agitent ensemble la pelle et les pinces, tout comme leurs sœurs Sakai battent leurs bambous, et que des branches d'olivier (qui ont préalablement reçu la bénédiction du prêtre) sont brûlées avec de l'encens afin que la fumée puisse s'élever pour apaiser les esprits. fureur des éléments tout comme là-bas les mèches de cheveux des enfants sont brûlées dans le même but.

Ce sont des superstitions qui varient un peu dans la forme mais qui sont exactement équivalentes dans le fond et qui montrent combien il reste en nous d'ignorance primitive et combien notre civilisation vantée est encore liée aux coutumes antiques et aux croyances enfantines des non-civilisés, sur lesquels nous chantons le gloire de notre propre triomphe.

Les Sakais admettent aussi l'existence d'un Bon Esprit mais justement parce qu'il est bon, au point de ne jamais se révéler, ils ne jugent pas nécessaire de le déranger. Au Bon Esprit les Sakais opposent dans leur esprit le Mauvais Esprit exerçant son empire sur les âmes de leurs ancêtres. Ils lui adressent de nombreux exorcismes et supplications différents, dans l'espoir de ne pas être inquiétés par lui après la mort s'ils restent bons. Une telle croyance peut être considérée comme une sorte de démonclatrie.

Connaître à fond les croyances d'un peuple encore sauvage et totalement dépourvu de tout guide écrit de sa foi, serait en effet une entreprise difficile. D'abord, ils craignent toujours qu'un étranger, surtout s'il est blanc, n'entraîne avec lui toute une légion de mauvais esprits, et ensuite parce qu'ils sont extrêmement jaloux de leurs superstitions et ont peur d'encourir le mal en les révélant aux autres.

Il faut également considérer que les Sakais (comme tous les autres peuples se trouvant au même niveau de développement intellectuel) ont des idées si fragmentaires et indéterminées sur les questions religieuses qu'ils sont tout à fait incapables de donner une description explicite de leurs sentiments et convictions spirituelles. . Ce n'est qu'en vivant longtemps parmi eux dans la confiance et la familiarité qu'on peut obtenir une connaissance correcte, et encore seulement par l'observation attentive des faits qui se passent sous les yeux, car il est inutile de tenter d'obtenir une explication ou de demander Des questions, car les Sakais, aussi véridiques soient-ils par nature, vous diraient très certainement un mensonge pour les raisons évoquées dans un autre chapitre. La superstition l'emporte toujours sur la véracité lorsqu'on traite avec des personnes n'appartenant pas à leur race.

Wilken l'écrit ainsi dans son livre *Animisme* : « Chez tous les peuples dans un état naturel primitif, presque chaque événement quotidien, chaque maladie, chaque malheur, chaque phénomène, lorsqu'il n'est pas attribué à l'âme de leurs morts, a un esprit spécial en tant qu'auteur. Les lacs, les mers, les rivières, les sources, les montagnes, les cavernes, les arbres, les buissons, les villages, les villes, les maisons, les routes, l'air, le ciel, la terre en dessous, enfin toute la nature et les principales choses qu'ils voient, sont, à leur avis, peuplé d'êtres surnaturels. Inutile de dire que tous les innombrables esprits auxquels ils croient n'ont pas la même importance dans leur esprit et ne sont donc pas tous vénérés au même degré. Dans le culte animiste, la peur règne sur tout autre sentiment, comme celui. gratitude, confiance, dévotion, etc., et les esprits qui inspirent le plus de crainte sont ceux invoqués avec le plus de ferveur ; ainsi les mauvais Esprits s'installent à la place des bons. »

On voit donc que les Sakais ne font pas exception à cette description sommaire de celle de M. Wilken.

Ils croient que seuls leurs sorciers ont la faculté de contempler les esprits, ce qui leur explique de manière satisfaisante le fait étrange qu'ils sont toujours invisibles aux autres yeux. Pour le reste, les Sakais, comme tous ceux qui sont de même capacité intellectuelle, ne s'inquiètent pas du tout des phénomènes naturels.

Il éprouve une profonde vénération pour le soleil et l'eau comme étant les deux grandes sources de vie ; il vénère aussi la lune et les étoiles, sans toutefois appliquer à ce sentiment aucun rite sacré, mais ils ne se soucient nullement de savoir de quoi sont composés ces luminaires, d'où ils viennent et où ils vont lorsqu'ils ne sont pas en vue. Lorsque le jour viendra où le Sakai se posera de telles questions, lui aussi entrera triomphalement dans le vortex de la civilisation, impatient de découvrir la raison de tout ce qu'il voit autour et au-dessus de lui.

Par habitude, il ne s'étonne pas du changement du jour en nuit et des différentes phases de la lune mais il est saisi d'une grande terreur lorsqu'une éclipse de soleil ou de lune a lieu. Il pleure et se désespère, faisant des bruits horribles pour mettre en fuite l'esprit maudit qui dévore l'un ou l'autre des corps célestes, et dès que l'éclipse est terminée, il semble fou de joie que le *mahgis* (soleil) et le getcheck (lune)) ont eu raison de leur ennemi.

Il est également saisi d'effroi à l'apparition d'un arc-en-ciel ou à la secousse d'un tremblement de terre.

Les Sakais n'ont aucune idole d'aucune sorte, mais ils ont une grande confiance dans les amulettes qu'ils fabriquent eux-mêmes en incisant sur leurs peignes et leurs épingles à cheveux (comme écrit précédemment) la forme de certaines plantes, fruits, feuilles et racines qui leur appartiennent pleinement. persuadés sont dotés d'une vertu prodigieuse.

En effet, lorsqu'un orage approche et que le vent commence à agiter la forêt, avant de commencer leurs invocations habituelles, hommes et femmes s'empressent de mettre dans leurs cheveux tous leurs peignes et épingles à cheveux avec la ferme conviction que le vent, soufflant sur ces sculptures miraculeuses, perdra son pouvoir de leur faire du mal.

Piège pour gros gibier.

Il faut ici observer que, outre le caractère superstitieux de la peur qu'ont les Sakais (surtout ceux des collines) du vent, on peut dire que cette terreur est presque justifiée.

Les courants d'air impétueux venant d'en bas entraînent souvent parmi eux les germes d'infections diverses et notamment de fièvres paludéennes.

Les pauvres indigènes, dans leur ignorance de cela, lorsqu'ils voient leurs proches tomber malades et mourir souvent après le vent violent, croient qu'il a amené dans leur village et y est reparti un ennemi invisible.

L' *Alà* , sorcier, médecin et magicien des superstitions locales, fait tout ce qu'il peut pour maintenir inébranlable la croyance aux esprits et à l'exorcisme. Il remplit les fonctions de sa double fonction avec toute l'ignorance et la tromperie qui lui sont possibles ; l'ignorance, car il partage avec les autres une terreur sincère du mauvais esprit, et la tromperie parce qu'il fait croire aux autres qu'il peut voir l'Etre redouté et qu'il a un certain pouvoir sur lui au moyen de paroles et de gestes.

Il n'est, après une analyse minutieuse et vigoureuse, qu'un vulgaire escroc qui obtient une sorte d'avantage par ses artifices et réussit à dominer son propre peuple en donnant des conseils souvent recherchés et toujours suivis.

L' *Alà* est généralement le fils d'un *Alà*, une circonstance qui pourrait amener quelqu'un, amateur d'études similaires, à faire des recherches précises pour savoir si l'imposture doit être considérée comme une maladie héréditaire.

Lorsque l'Esprit Malin, malgré les signes cabalistiques et les paroles mystérieuses qui proclament la prérogative *de l'Alà* de lui résister et de le vaincre, l'a vaincu et l'a tué, le cadavre n'est pas enterré mais est placé debout entre les racines d'un arbre non loin. de sa résidence tardive. Pendant sept jours, on le surveille continuellement et on lui fournit de la nourriture, du tabac et du bétel.

Une vieille tradition, que j'ai réussi avec difficulté à reconstituer à partir de fragments laissés inconsciemment de temps en temps, prétend qu'ab *antiquo* une alliance a été conclue entre les tigres et les sorciers selon laquelle, une semaine après la mort de l'un d'eux, son âme entrerait dans un corps félin.

Si un fils du défunt *Alà* veut succéder à la dignité de son père, il doit, à la fin des sept jours fixés, aller seul veiller sur le cadavre, en emportant avec lui une sorte de poêle à encens dans lequel il brûle un grande quantité de résine parfumée en l'honneur du mort (un honneur qui est le plus opportun pour ses propres narines !). Il passe la nuit de cette façon, ou on croit qu'il le fait, car personne ne se donne pour tâche d'épier ses actions ou de se renseigner sur le déroulement de la nuit, craignant que le mal ne l'atteigne en conséquence.

Tandis qu'il est encore occupé à cet acte sanitaire, le tigre, animé par l'âme du sorcier défunt, se présente à l'homme absorbé par sa veille scientifique et feint de se jeter sur lui pour le mettre en pièces. Mais il continue à entretenir la résine odorante et ne trahit pas sa perturbation intérieure ni ne donne le moindre mouvement de peur qui, sans émission, lui coûterait la vie. Puis la scène terrible change ; la bête sauvage disparaît soudainement et, entourée d'une douce lumière, deux belles fées s'avancent pour enseigner au nouvel *Alà* la science occulte de son ministère choisi, y compris les mots cabalistiques et l'art médical. Les deux elfes deviennent alors les esprits familiers du sorcier ainsi consacré.

Aucun témoin n'est autorisé à être présent. Aucun œil profane ne peut voir ces deux bons Esprits.

S'il arrive que l'aspirant ne revienne jamais, on décide immédiatement qu'il a montré qu'il avait peur et qu'il a été dévoré par le tigre pas trop paternel. Ce serait, au moins, une preuve certaine qu'il avait veillé cette nuit-là dans la forêt !

La succession d'un fils à son père dans la fonction d' *Alà* n'est pas obligatoire mais tous les Sakais le souhaitent car sinon l'âme du mort resterait toujours dans le corps d'un tigre et des trésors de sagesse et de pouvoir seraient perdus. perdu au profit de la tribu à laquelle il avait appartenu.

Tous les villages n'ont pas la chance de posséder un *Alà* qui, d'ailleurs, ne diffère dans sa vie domestique d'aucun des pauvres mortels qui l'entourent.

Il a une femme et des enfants, fabrique des poisons, mâche du tabac et *du sirih*, dort et sort chasser. Les colonies qui ne comptent pas *d'Alà* parmi elles partent en chercher un dans le campement le plus proche et le prêtre-médecin répond rapidement à l'invitation en se précipitant à l'endroit indiqué.

Il n'y a pas de rituel dans les cérémonies Sakai, les fonctions simples de l' *Alà* sont très limitées.

Il doit marmonner d'une manière inintelligible des paroles mystérieuses (dont il ne connaît pas lui-même le sens) lorsqu'on fait bouillir un mélange empoisonné, afin de rendre plus efficace sa vertu venimeuse. Il fait des exorcismes contre les mauvais esprits lorsque le vent se lève ou qu'une forte tempête éclate ou qu'il est appelé à rendre visite à un malade.

Dans ce dernier cas, les fonctions se confondent avec celles du médecin car, tout en préparant des remèdes avec des herbes possédant des propriétés médicinales (dont il connaît très peu parmi la multitude qui pousse dans les forêts de Malai), il exerce l'autorité qui lui est confiée. selon les croyances Sakai en essayant de chasser le mauvais esprit de son patient.

Cet acte s'appelle le *tay nak*. Il demande d'abord au malade où est la douleur, puis confectionnant une sorte de pinceau avec des feuilles de palmier, il le tient dans la main gauche. La droite, il la ferme sans serrer et la pose à l'endroit qui fait mal, place sa bouche vers l'ouverture de gauche à travers les doigts légèrement fermés et commence à inspirer aussi fort qu'il le peut. Parfois, il parvient ainsi à extraire du corps du patient dans sa main le démon qui a causé la maladie et à le chasser en le frappant énergiquement avec la brosse.

Le sorcier sait si l'esprit est sorti par une lumière très pâle, que lui seul peut voir !

Mais si la maladie est grave, ce remède échoue, preuve certaine que l'esprit est l'une des classes les plus redoutées et doit donc être héroïquement combattu au moyen du *chintok*, comme suit.

Le village dans lequel vit la personne atteinte est encerclé par de nombreux pièges et planté tout autour de flèches empoisonnées pour que personne ne puisse s'en approcher, même si quelqu'un parvenait à franchir ce *cordon sanitaire originel* sans conséquence fatale, il serait certainement tués à l'intérieur car on craint qu'un autre mauvais esprit puisse être importé par un étranger, au profit de celui dont ils tentent de se débarrasser.

Sur le corps des infirmes, ils forment un dais d'herbes médicinales ; les *Alà* et la compagnie présente se peignent de la manière la plus horrible possible et dès qu'il fait bien noir (toute sorte de lumière est absolument interdite) ils se disposent autour du malade et commencent à battre follement leurs grosses cannes de bambou. Leur frénésie et le bruit qu'ils font ne peuvent être décrits ; cela fait frémir, et le son s'entend à plusieurs kilomètres.

Abandonné à cause d'une maladie contagieuse.

Mais il est destiné à guérir le pauvre malheureux du milieu qui, s'il ne succombe pas à la violence de sa maladie, a de grandes chances de mourir des tortures endurées.

Le concert diabolique dure jusqu'à ce que les bavards précurseurs du soleil annoncent l'aube mais se répète après le coucher du soleil pendant sept jours pendant lesquels seuls les hommes sont autorisés à aller dans la forêt à la recherche de nourriture.

Si le malade est encore en vie au septième jour, il est laissé en paix, à moins qu'une rechute ne rende nécessaire une autre nuit de musique, et s'il meurt, on croit que l'esprit malin ne partira pas sans emporter avec lui l'âme de sa victime.

Les maladies les plus fréquentes dont sont sujets les Sakais sont les rhumatismes et les rhumes très graves qui se transforment souvent en graves affections bronchiques et pulmonaires. Les deux sont dus au froid nocturne contre lequel ils ne prennent aucune peine à se protéger. Leurs cabanes les abritent de la pluie mais pas de l'air.

Certaines maladies cutanées contagieuses sont également répandues parmi eux.

Dès que quelqu'un est atteint de cette maladie, on choisit un arbre à une certaine distance du village, sur lequel on dresse à la hâte une petite tonnelle et l'on y place la personne attaquée et on la laisse avec un peu de nourriture à portée de main. Le lendemain, les proches vont voir s'il est vivant et crient leurs revendications, à haute voix, au loin. S'il y a un mouvement ou une réponse, ils s'approchent et vomissent de la nourriture mais s'il n'y a aucun signe de vie, ils reviennent en toute hâte et laissent le cadavre se décomposer dans le berceau qui sert maintenant de sépulcre.

Aucun rite, quel qu'il soit, n'est accompli lors de la mort et de l'enterrement d'un individu.

Lorsque le malade a rendu son dernier soupir, tous les habitants du village s'unissent pour faire de grandes lamentations. Ils pleurent, gémissent et hurlent plus encore que lors des proverbiales funérailles irlandaises, ils noircissent leur visage avec du charbon de bois et le barbouillent d'autres couleurs pour effrayer le mauvais esprit tandis que la famille se presse autour du cadavre et laisse couler ses larmes librement en s'exclamant :

"Hélas ! Regarde-nous, ne nous quitte pas ! Qui va prendre soin de nous maintenant ! Qui va nous défendre ? Tu es parti avant nous et nous te suivrons".

Dès les premiers instants de chagrin, ils détruisent rapidement la cabane visitée par la Mort, puis récupérant le cadavre qu'ils transportent dans une partie épaisse de la forêt.

Ici, on creuse une tombe de cinq à six pieds de profondeur et on y dépose le corps, tantôt couché sur le dos, tantôt en position assise, mais toujours la face tournée vers l'ouest. Du tabac, du bétel et des objets personnels du défunt sont placés à proximité puis recouverts de terre. Parfois ces objets sont éparpillés au sommet de la tombe et parfois aussi, au lieu d'enterrer le cadavre, on le dépose sur des morceaux de bois placés horizontalement sur les branches d'un grand arbre, près du tronc.

Mais qu'il soit enterré ou non, pendant sept jours, les proches du défunt transportent sur place de l'eau, des fruits, du tabac et du sirih, au-dessus ou au-dessous du dernier lieu de repos de leur défunt, en prenant soin de toujours entretenir un feu vif à proximité. .

C'est pourtant avec crainte et tremblement que ce devoir est accompli et ils implorent régulièrement :

"Voici ta part, mais ne nous fais pas de mal !"

Tombe d'une femme.

Finis les sept jours de deuil, le souvenir des morts s'efface, ne se réveillant que lorsque quelqu'un passe devant le lieu de sépulture et y dépose une partie de ce qu'il a sur lui, gibier ou fruit.

Cependant, pour l'amour de la vérité, je dois dire que le chagrin des parents pour un enfant ne s'efface pas si tôt, car j'ai vu certains émus jusqu'aux larmes au souvenir de celui qui était mort peut-être depuis de nombreuses saisons.

La conséquence immédiate de la mort d'un Sakai est l'abandon du village par tous les survivants, de peur que l'esprit maléfique qui les a privés d'un parent ne fasse de même avec un autre.

Suit ensuite la marche à la recherche d'un endroit désirable, comme je l'ai déjà décrit. Prenant sur leurs épaules les enfants et le peu de biens domestiques qu'ils possèdent, ils partent en troupe chercher un terrain propice à l'érection de leurs nouvelles huttes. L'Ancien, en tant que chef de l'immense famille, donne le signal de s'arrêter là où il le juge le mieux et s'il y a un *Alà* parmi eux, il le consulte sur le choix de la position.

Lorsque le site semble favorable un feu est rapidement allumé et si la fumée monte tout droit ils s'y installent sinon ils continuent leurs pérégrinations car le Sakai pense qu'on le trahira si la fumée se disperse dans la forêt et qu'elle lui servira de refuge. guide vers un mauvais esprit – désireux de faire du mal – qui exercera son influence fatale sur la compagnie fuyant le sort cruel d'un autre.

Une fois la décision prise, avec une rapidité extraordinaire, les arbres et les buissons sont coupés et les cabanes sont surélevées.

Comme dans les pays civilisés. La mort chez les Sakais exige une manifestation extérieure de deuil, à cette différence peut-être que chez eux il est beaucoup plus sincère parce qu'ils n'ont pas le réconfort d'un héritage longtemps attendu et convoité pour en faire une farce.

Tous les ornements doivent être mis de côté ; boucles d'oreilles, bracelets, colliers, bâtons nasaux, fleurs, tatouages, etc., pour une période déterminée par l'Aîné mais généralement d'au moins six mois.

Il est rigoureusement interdit aux personnes en deuil de chanter, de jouer, de danser, de se marier et même (un péché du Carême) de manger du poisson et de la viande un jour.

Les Sakais observent toutes ces prescriptions avec la plus grande rigueur et se scandalisent si l'une d'entre elles est violée avant l'heure fixée. Celui qui les viole est jugé comme un être sans cœur et si une femme perd toute la considération qui était la sienne avant.

La durée du deuil varie selon la relation. Celui pour un père ou une mère est le même, mais il est plus court pour les frères et sœurs et pour les petits enfants il n'y en a pas du tout.

A cet égard, les Sakais ne sont pas sans rappeler leurs semblables civilisés qui mesurent leur chagrin aux vêtements noirs qu'ils portent et, à la disparition d'un bébé, malgré la désolation de ses parents, font résonner les cloches des églises les airs les plus entraînants. [17]

Lorsqu'un petit Sakai ouvre les yeux sur la lumière de ce monde, aucune cérémonie religieuse ne salue son arrivée.

La femme qui est sur le point de devenir mère se sépare du reste de la famille et se retire seule dans une cabane à l'écart, dont le sol est très élevé. Personne ne l'assiste à son accouchement car il n'y a peut-être aucun autre événement dans l'existence d'un Sakai aussi impliqué dans une superstition tenace et périlleuse que celui de la naissance. Son propre mari et le père du nouveau-né n'osent franchir le seuil de la case ni faire la connaissance de son enfant que longtemps après, c'est-à-dire jusqu'à ce qu'il ait repris des forces.

Tombe d'un homme Sakai.

On craint toujours qu'en entrant dans la cabane, l'odeur de l'enfant ne soit transportée dans la forêt, grâce à laquelle l'Esprit Malin pourrait le retrouver et lui faire du mal. Et pour la même raison, la nouvelle mère n'ose avoir aucun contact avec aucun des adultes qui vont dans la jungle pour chasser ou à d'autres fins, mais se fait apporter de la nourriture et de l'eau par les enfants.

Il est superflu d'ajouter que pendant un certain temps avant et après un confinement, la présence d'un étranger dans le village n'est pas tolérée, pire encore s'il s'agit d'un homme blanc.

L' *Alà* , appuyé par tous, hommes et femmes, est inflexible sur ce point, affirmant que ce serait la mort du bébé, et qu'il est prudent d'accepter le veto de bonne grâce et d'obéir aux ordres du sorcier sans hésitation. . Parfois, un étranger n'a même pas le droit de regarder une femme qui se trouve dans un état intéressant, comme cela m'est arrivé une fois.

Une autre fois, en arrivant dans un village où un enfant était né quelques heures auparavant, on me refusa catégoriquement l'hospitalité, certains Sakais préférant m'accompagner au loin et y ériger une cabane à mon usage, étant entendu formellement que je ne devrais pas pour quelque motif que ce soit, quelle que soit sa tentative d'approcher un règlement. Si je n'avais pas respecté ces conditions, j'aurais probablement été tué.

On ne peut pas raisonner avec la terreur.

La cabane dans laquelle la pauvre femme accomplit la plus noble des missions de la nature est jalousement gardée de jour comme de nuit.

Malheur au malheureux qui se retrouve à flâner aux alentours s'il n'est pas du village !

Le sol de la cabane ne touche pas le sol pour que l'odeur des excréments ne pénètre pas dans la terre et ne proclame à l'Esprit Malin : Ici un bébé est né !

La mère elle-même, avec une extrême prudence, place tout cela dans des vases en bambou qu'elle suspend en haut d'une branche d'arbre.

Là, le soleil torride assèche rapidement le tout et l'odeur qui s'en dégage se diffusant dans l'air supérieur l'esprit ne peut reconnaître la femme malade ni son enfant.

Dès que commence la période de gestation, ni la femme ni son mari ne doivent manger de la chair de singe ou de serpent, afin de ne pas transmettre à l'enfant à naître les tendances d'un quadrupède ou d'un reptile.

Ils doivent également s'abstenir de manger du poisson et de la viande le même jour et sont obligés de faire très attention à ne pas entrer dans une cabane pendant qu'il pleut, ce qui est toujours de très mauvais augure mais surtout lorsqu'on s'attend à une augmentation dans la famille.

Un autre très mauvais signe est lorsque le *cèpe pluì* chante à proximité du campement. Les Sakais considèrent cela comme aussi malchanceux que le cri grinçant de l'oiseau de nuit (oiseaux gardés en admiration par les Sakais comme étant familiers avec l'esprit maléfique) sur le toit d'une maison, ou que le déversement de sel est considéré comme étant dans de nombreux cas. pays que nous connaissons.

Quelques jours avant son accouchement, la femme ramasse quelques feuilles de *bakaù* tombées à terre et en fait une décoction. Elle boit un peu chaque jour, continuant la cure même après l'accouchement. Je ne sais pas pourquoi, mais les femmes semblent penser que cela exerce sur elles un effet particulier à cette époque.

Dès la naissance de l'enfant, la mère prend le fruit du *buà kaluna* et en fait couler quelques gouttes dans la bouche du petit.

Je n'ai jamais pu comprendre la raison d'une telle pratique mais je crois qu'elle est inspirée par quelque superstition ou règle d'hygiène des indigènes.

Le fruit du *buà kaluna* est sucré mais a aussi une saveur plutôt acidulée.

Au bout de sept jours, la nouvelle mère quitte la hutte et fait d'abondantes ablutions qui ont le même caractère et la même portée que le devoir religieux imposé aux femmes israélites ; celui du respect de l'hygiène élémentaire.

A partir de ce moment, la femme peut retourner auprès de son mari mais elle n'a pas le droit d'aller dans la forêt et est obligée de porter sur le ventre une pierre chaude qui lui sert de remède et d'exorcisme.

Elle retourne auprès de son fidèle compagnon mais elle n'abandonne pas son enfant dont la séparation d'avec tous les autres êtres humains, y compris son propre père, ne peut durer moins de six mois.

La naissance et la mort d'un Sakai, comme on le voit ici, sont dépourvues de tout rite ou cérémonie, comme dans le cas d'un mariage ou d'un divorce et ne nécessitent même pas l'intervention de l' *Alà* .

Le fait qu'il leur est strictement interdit, lorsqu'ils allument un feu, de lever les yeux jusqu'à ce que le bois soit bien enflammé et que de la fumée s'en échappe, suggèrerait l'idée qu'il y a soit une superstition attachée à cette opération, soit que le feu est également un objet de vénération avec eux. Mais cette concentration du regard peut être simplement une précaution (devenir une habitude) pour ne pas retarder l'acte de combustion par distraction de la pensée.

La seule chose à propos de cette coutume que j'ai réussi à constater est que les Sakais n'ont pas de culte particulier pour le Feu Sacré comme les prêtres de Baal, les Brahmanes en Inde et les Vestales de Rome mais l'apprécient comme moyen de cuisiner leurs aliments, préparer leurs poisons, les réchauffer pendant la nuit et éloigner les bêtes sauvages de leurs huttes. Et j'en ai été convaincu dès la première fois que je leur ai donné des allumettes et que je leur ai appris à les utiliser.

Leur émerveillement était mêlé de satisfaction, mais s'il y avait eu un sentiment religieux prononcé, ils auraient rejeté l'innovation moderne et continué l'ancienne méthode de fabrication du feu.

J'ai donné ici une idée approximative des superstitions et des croyances des Sakais, du mieux que j'ai pu les comprendre grâce à une observation attentive et aux mots laissés tomber par inadvertance de temps en temps. On peut les résumer ainsi : une terreur suprême des mauvais esprits ; un vague principe de transmigration de l'âme (étrange dégénérescence de la conception primitive de la théorie pythagoricienne).

Les gens de la jungle sont encore sous l'ombre épaisse de l'inertie cérébrale. Ils n'ont pas encore vu la lumière vive et rapide d'un premier doute traverser l'obscurité de leur cerveau en lui donnant un choc de vibrations insoupçonnées. Jusqu'à présent, aucun Prométhée glorieux n'a surgi parmi ces créatures primitives pour lesquelles les conseils décourageants du poète italien pourraient sembler avoir été en partie écrits :

Meglio oprando obliar, senza indagarlo ,
Quest'enorme monsieur dell' universo! [18]

Les Sakais n'ont pas de véritable religion ; ils n'ont peur que de tout ce qu'ils ne comprennent pas ou ne peuvent pas comprendre. Et pourtant, dans la pratique de la moralité, ils sont bien plus avancés que les autres peuples non civilisés et même civilisés.

Notes de bas de page :

[16] Prononcé *tay nak* et *chintok.*— *Note du traducteur* .

[17] C'est une coutume en Italie lorsqu'un petit enfant est enterré. *Note du traducteur.*

[18]

Mieux vaut par le travail oublier, sans l'étudier , ce formidable mystère de l'Univers.

CHAPITRE XV.

Armes Sakai — Tir — Attrapeurs de serpents — Le Sakai et ses poisons — TOALANG , RENGAS ET SAGOL — SL À DOL, SL À PLEK et SL À CLOB — AKAR TOKA — Ipok [19] — Un antidote — Le LEGOP — Les Nai Bretaks — La préparation du LEGOP — Ingrédients curieux et superflus — Les effets du LEGOP — Étranges contradictions — Expériences — Poisons et antidotes . — Le colon et la science.

Le Sakai ne possède qu'une seule arme : le « *blaù* » (pr. blahoo) appelé « *sumpitam* » par les Malais.

Cela révèle le caractère paisible de ces habitants de la forêt qui ne recherchent jamais l'aventure ni ne commettent d'agressions.

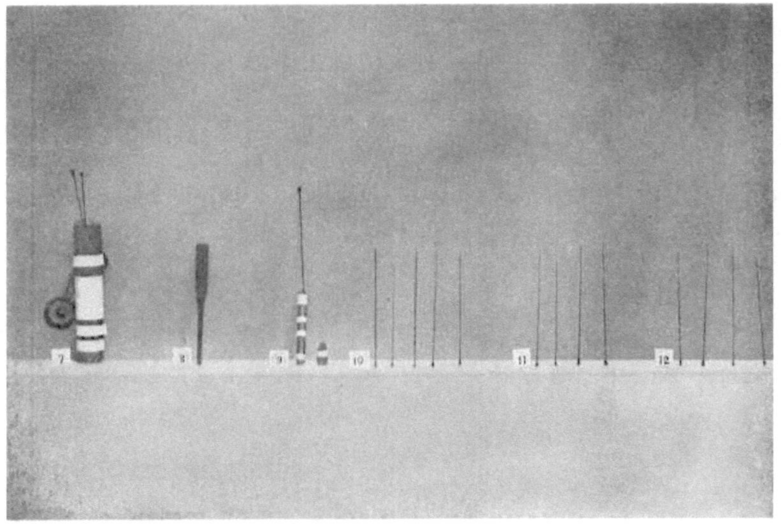

Carquois et flèches empoisonnées.

Les couteaux robustes et laids qu'il se procure auprès de ses frères de la plaine ou qu'il fabrique pour lui-même, et les petites hachettes que j'ai déjà décrites, ne sont pas pour lui des armes au sens exact du mot mais sont simplement des instruments nécessaires à ceux qui vivent dans la jungle. . Il les emploie pour abattre des bambous, des plantes grimpantes et des arbres et pour préparer de la nourriture, mais il est fort probable qu'il ne sache pas comment les utiliser pour l'assaut ou pour se défendre.

Son arme dans ce cas est toujours le *blaù* (sarbacane) qu'il porte constamment sur lui même s'il ne sort que juste devant sa case.

C'est une canne de bambou de deux mètres et demi à trois de longueur pas très grande en diamètre mais parfaitement ronde, surtout à l'intérieur. À une extrémité est appliqué un embout semblable à celui d'une trompette.

Après avoir introduit une fléchette, le Sakai porte la canne à ses lèvres et, prenant d'abord une très longue inspiration, il souffle ensuite de toutes ses forces. La petite flèche s'envole avec la plus grande vitesse atteignant une distance de 40, 50 ou 60 mètres.

C'est un lance-pois, mais avec la différence que les projectiles lancés sont mortels dans leur effet, surtout lorsqu'ils sont entre les mains de personnes qui, comme les Sakais, manquent rarement ou jamais de toucher leur cible.

Cette arme dangereuse, qui pourrait à première vue être confondue avec un jouet, est ornée de motifs légèrement incisés dans la canne. Il est conservé avec beaucoup de soin et lorsqu'il n'est pas utilisé immédiatement, il est glissé dans un bambou de plus grande taille (lui aussi orné d'incisions) qui lui sert de gaine.

La flèche est un petit bâton en bois très dur d'environ 12 ou 14 pouces de long et pas beaucoup plus gros qu'une grosse aiguille à tricoter. A une extrémité est fixé un minuscule cône en moelle de palme qui, bouchant le tube, reçoit l'impulsion de l'air insufflé si violemment.

L'autre extrémité se termine par une pointe extrêmement pointue (parfois en os ou en métal bien enfoncé dans le bois) agencée de telle manière que lorsque la flèche frappe un objet, la pointe se brise et reste là. La force de pénétration est cependant si grande que le corps d'un homme se trouvant à 30 mètres peut être transpercé sans être brisé.

Aucun animal, hormis les pachydermes, ne peut défier impunément la flèche du Sakai. Il est toujours et pour tous un terrible messager de la Mort, soit par la précision de sa visée, soit par la violence avec laquelle il frappe, soit par le poison qu'il inocule.

De la même manière que les aborigènes d'Australie lancent leur boomerang avec une dextérité et une sécurité inimitables, le Sakai manie sa sarbacane avec une habileté qu'il est impossible d'imiter ou d'apprendre. Les Malais, qui ont étudié pour devenir maîtres de cette arme, ne sont que de piètres tireurs comparés à leurs voisins forestiers.

Avec le *blaù*, le Sakai porte toujours avec lui son *lok* (carquois) suspendu à une ceinture d'écorce, appelé *bò gnan* (pr. bo nean).

Ce carquois est également composé de bambou mesurant de 3 à 7 pouces de rond et 13 ou 14 de long. Il est très rare que les flèches y soient placées sans être au préalable enfermées dans de minces roseaux, connus sous le nom de *damà*, qui préservent les pointes et empêchent le poison de s'effacer ainsi que de l'humidité, lorsqu'il perdrait. sa force. À son tour, le carquois est enfermé dans le *tchenkop* , un revêtement de fibres de rotin ou de palmier tissé de manière si complexe qu'il le rend étanche à l'eau.

Sa sarbacane prête, le Sakai pénètre dans la forêt, rampant doucement parmi les hautes herbes et les buissons. Aucun bruissement, aucun crépitement de feuilles sèches ne dénonce la présence de l'homme qui s'avance prudemment sous le large toit vert, jetant des regards aiguisés et inquiets vers les branches des arbres. Son oreille capte le moindre battement d'ailes. De temps en temps, il pousse un cri semblable à celui d'un oiseau ou d'un singe, et bientôt un bipède à plumes, mû par la curiosité, descend d'une branche supérieure à une branche inférieure ; un singe se baisse en réponse à l'appel, ou une jolie petite tête au nez pointu et aux yeux brillants sort d'un creux de l'arbre.

Sarbacanes, carquois et flèches empoisonnées.

Très lentement et tranquillement, le Sakai s'accroupit, lève sa sarbacane et fixant ses yeux sur la marque noire qu'il a faite au bout de la canne, il vise longuement et fermement.

L'oiseau et le singe à 30 mètres au-dessus de lui tentent de provoquer un autre cri à partir de la voix qu'ils ont entendue auparavant ; L'écureuil a l'air perplexe et incertain mais aucun des trois ne se doute du danger mortel qui les attend d'en bas.

Le Sakai souffle dans son *blaù* , la fléchette s'envole avec un léger sifflement et perce la chair de la victime. Il y a un cri et une chute, puis le sportif court chercher sa proie.

Parfois un oiseau blessé s'envole de l'endroit où il a été touché, mais le sauvage connaît parfaitement l'infaillibilité de ses poisons qui l'amèneront à terre en quelques minutes, aussi suit-il le chemin qu'il a pris.

Quelque chose du même genre peut également arriver avec un singe. Bien qu'il soit généralement assez lâche pour se laisser tomber comme un poids mort dès qu'on le touche (et lui briser ainsi tous les os), il peut par hasard s'accrocher à la branche sur laquelle le Sakai l'a tiré, mais si la flèche elle-même ne parvient pas à en le tuant, le poison ne manque jamais de le faire et rien ne peut le sauver de l'effet fatal. Le singe tient convulsivement mais l' influence *du legop* ne peut être résistée, il y a une brève lutte contre la mort puis l'animal est lourdement précipité au sol.

Le Sakai court le ramasser mais est peut-être arrêté en voyant un énorme boa constrictor s'enrouler autour du corps écrasé de la petite bête.

Mais à cette vue, le chasseur ne désespère pas. Il observe les arbres environnants avec beaucoup d'attention et découvre que celui sur lequel il avait trouvé le singe possède un grand trou en dessous, où l'énorme reptile a élu domicile.

Il se dépêche de le faire savoir à ses camarades, car un boa constrictor excite l'esprit de gourmandise parmi les Sakais.

Ils décident instantanément et unanimement de sa capture et l'accompagnent sur les lieux.

Devinant à proximité la longueur du serpent, ils coupent une canne de bambou très solide qui, si elle n'est pas plus longue, n'est pas plus courte que le reptile et à l'extrémité ils attachent un gros morceau de rotin habilement plié en un nœud coulant.

Son repas terminé, le boa se retire dans sa tanière et s'installe pour une petite sieste qui facilitera sa digestion.

C'est le bon moment : deux hommes, avec beaucoup de prudence, s'approchent du creux, gardant dans leurs mains le nœud fait de la canne indienne. Très doucement mais d'un mouvement rapide, ils soulèvent la tête du serpent et la glissent dans le nœud coulant. Le serpent tremble mais il est trop tard. Sur un signe des deux qui ont troublé son sommeil, les autres tirent fort sur les bambous qu'ils tiennent dans leurs mains. Le nœud coulant est resserré et le boa constrictor se bat furieusement pour se libérer. Mais plus il résiste, plus le nœud se resserre. La lutte entre ravisseurs et capturés n'est pas prête de se terminer. Le monstre tire, saute, se tord, donnant parfois des ressorts si brusques qu'ils font courir les tenaces Sakais ici et là pour garder leur équilibre et rester hors de sa portée.

Tirer des flèches empoisonnées à travers la sarbacane.

Souvent, ils s'efforcent de le faire pendant plus d'une heure, mais finalement le serpent est étouffé et réduit à une masse sans vie. Puis ses vainqueurs le portent triomphalement dans leur village où il fait un banquet pour presque tous les habitants.

Les Sakais ne tireraient que peu de résultats de leur chasse et de leur tir, et leur propre vie ne serait pas suffisamment protégée si la forêt ne leur fournissait pas un moyen inépuisable et infaillible d'affronter la mort avec leurs sarbacanes et leurs fléchettes.

Il existe une quantité si riche et variée de plantes poussant dans la jungle et produisant du poison, que l'Homme a le choix d'utiliser celle qu'il juge la plus adaptée à tel ou tel besoin particulier.

Le Sakai est enthousiasmé par ses poisons, il est tellement absorbé par la science qu'elle prend avec lui le poste d'assassin. Comme un maniaque qui parle toujours de ses étranges fantaisies, ainsi ce pauvre sauvage parle tout le jour de ses poisons et étudie leurs qualités.

Et ils lui fournissent tout le nécessaire à son existence primitive car il les utilise pour le tir, la pêche et pour tendre des pièges aux petits et grands animaux, ils sont une défense pour lui-même et pour tout le village où il vit, en plus de lui fournir les moyens de subsistance. moyen (par troc) d'obtenir du tabac, du riz ou tout autre article introuvable en forêt.

Toute sa meilleure faculté intellectuelle est consacrée à la recherche et à la préparation des poisons, car il ne faut pas croire qu'il utilise indifféremment l'un à la place de l'autre. Ceux qu'il connaît le mieux sont chacun utilisés selon les circonstances.

Tout comme un fusil n'est pas chargé avec la même taille de plomb lorsqu'il tire sur de petits oiseaux et des perdrix, le Sakai ne gaspille pas ses poisons puissants alors qu'un poison plus faible serait tout aussi efficace.

Son choix de l'un plutôt que de l'autre est fréquemment réglé par l'état de l'atmosphère (l'humidité étant pernicieuse aux productions venimeuses) et parfois par les phases de la lune.

Ces plantes sont herbacées, arborescentes et souvent grimpantes, mais toutes celles qui poussent dans la forêt, ni même celles connues des sauvages pour leur efficacité, ne sont pas encore connues de la Science.

C'est bien dommage car je crains que ces trésors médicinaux, qui pourraient receler des propriétés miraculeuses, ne soient inévitablement perdus si une étude scientifique de ces produits sauvages de la jungle n'est pas rapidement engagée.

La fièvre de la colonisation a attaqué la forêt et çà et là elle fait rage ; il est certain qu'il ne faudra pas longtemps avant que cette vaste étendue de végétation tropicale, avec l'extraordinaire fertilité de son sol, cède la place aux plantations d'hévéa Parah, de gutta-percha, de café, de sucre, de riz, de tabac, etc.

C'est pour cette raison que je serai très heureux d'apporter toute l'aide que je peux à la cause de la science au moyen de notes, de collections et de spécimens de peintures et d'animaux encore peu connus ou étudiés, si quelqu'un se sent enclin à répondre à l'offre avant qu'elle ne soit trop tard. Une telle aide me semblerait une douce chaîne de pensée, reliant l'esprit du colon, dans les profondeurs reculées de la forêt malaise, à la mère patrie et à cette civilisation dont il s'est retiré.

Le « *giu u toalang* » est un des arbres colossaux de la Jungle car il atteint de 40 à 46 mètres de hauteur. On peut dire que tout son organisme est vénéneux, parce que ses propriétés mortelles ont la même force dans le suc sous l'écorce que dans les feuilles, lorsqu'elles sont frottées ou brisées. Si cette sève se fraye un chemin sous la peau, au contact de la chair ou des vaisseaux sanguins elle a un effet rapide et mortel. Il me semble que même l'odeur peut avoir des conséquences fatales, mais je n'en suis pas sûr, même s'il est certain qu'elle donne un sentiment de très grand mal et que l'indisposition ne peut être guérie qu'en maintenant le patient à une température élevée.

giù u rangas ", un arbre de dimensions plus modestes, et le " *giù u sagol* ", plus petit encore, ont presque le même pouvoir vénéneux . Il est dangereux de toucher les feuilles de ces deux plantes, car elles provoquent une grave irritation de la peau, la recouvrant de boutons et de petites vésicules qui démangent insupportablement, tandis que le corps se gonfle. Et pourtant, il faut résister à la tentation de se gratter, sinon une ulcération s'ensuit avec un risque de gangrène. Lorsqu'on est capable de renoncer au soulagement momentané procuré par le frottement ou le grattage, l'inconvénient passe en quelques jours.

Les *toalang* , *rengas* et *sagol* sont dispersés en abondance dans la forêt, mais le Sakai ne s'intéresse pas à leurs propriétés venimeuses car il trouve que ceux dont il connaît déjà le secret satisfont pleinement ses besoins en rapidité et en effet. Au contraire, il mène une guerre continuelle contre ces plantes nuisibles, les abattant et les détruisant partout où il les rencontre. Il prend cependant bien soin de ne pas les toucher avec sa hachette mais abat l'un des géants qui poussent à proximité et qui les emporte au sol dans sa lourde chute.

Dès que les arbres dangereux sont tombés, le tronc et les branches de leur assassin involontaire sont arrachés et on les laisse sécher sur place pendant un ou deux mois, et lorsqu'ils sont complètement flétris, ils sont brûlés.

Il existe également dans la forêt un nombre important et varié de plantes dont les feuilles sont très dangereuses. Je citerai à titre d'exemple le *slà dol* , *le slà plek* et le *slà clob* dont les feuilles, si elles sont consommées, peuvent engendrer des conséquences fatales selon les Sakais.

Chez certains, les qualités toxiques se trouvent uniquement dans les racines. Des *legop* , qui appartiennent à cette classe, je parlerai plus loin, pour l'instant je ne nommerai que les *akar tobà* .

Cette racine est d'abord bien pilée, puis laissée tremper dans de l'eau pendant quelques jours, après quoi le liquide venimeux est jeté dans un étang et s'ensuit un massacre parfait de petits et de gros poissons, qui peuvent tous être mangés sans nuire à leur santé. Les personnes.

De quelle sorte de poison il s'agit, je ne peux pas le dire car il n'a jamais fait l'objet d'une étude particulière. J'ai prouvé son utilité pour détruire les insectes et particulièrement les larves de moustiques et les petits vers qui détériorent les fruits et légumes.

L' *ipok* appelé « *upas* » par les Malais et « *antiaris toxicaria* » par les botanistes est un arbre qui fournit un jus venimeux aux Sakais de la plaine. C'est un colosse de la forêt, et appartient à la famille des orties.

Il a des feuilles larges et brillantes, un peu comme celles du magnolia, et de nombreuses espèces se trouvent dans la jungle malaise.

Lorsque la saison n'est pas trop humide et qu'il y a une pleine lune, les Sakais font des entailles profondes dans l'écorce de cet arbre et placent autour de lui des tubes de bambou afin de capter la sève qui s'écoule abondamment. Ce jus a un aspect gluant et résineux et est blanc ou jaune selon qu'il est extrait du tronc ou d'un jeune rameau.

Une branche de l'arbre à poison "Upas".

Puis, encore au milieu de la forêt, ils allument un feu et font bouillir le liquide, processus au cours duquel l' *Alà* , qui préside aux travaux, marmonne les paroles magiques sans lesquelles le poison n'aurait pas la force désirée.

On ne le retire du feu que lorsqu'il présente l'aspect du goudron, en épaisseur et en couleur. Une fois l'ébullition terminée, quelques citrons sont pressés dessus et après avoir ajouté de l'arsenic rouge et d'autres drogues, le tout est mélangé et le mélange est prêt à l'emploi.

Les substances ajoutées à l' *ipok* — à l'exception de l'arsenic — ne sont pas toxiques mais ne sont que l'expression des préjugés Sakai.

La chair des animaux tués avec des flèches trempées dans *l'ipok* est parfaitement mangeable après avoir été un peu cuite, mais il faut prendre la précaution de couper environ un pouce autour de la plaie qui devient immédiatement violette sous l'action du poison.

Un antidote contre l'empoisonnement *à l'ipok* se trouve dans le jus d'un grimpeur appelé *lemmak kapiting* . En frottant énergiquement la plaie avec ce jus, tous les effets néfastes de l' *ipok* sont stoppés.

Je crois que c'est parmi les plantes grimpantes qu'il faut chercher les poisons les plus puissants.

Le Sakai entretient des relations confidentielles avec les *giù u legop* , *giù u labor* , *giù u lampat* , *giù u masè* et les *giù u loo* , mais le *lampon* et *le broial* ne sont pas oubliés non plus. [20]

Les racines de ces deux plantes produisent des poisons qui sont parmi les plus terribles de ceux qui abondent dans la forêt.

Il me semble que la seule différence qui existe entre ces lianes est dans l'intensité de la virulence, mais non dans la nature des substances venimeuses, et c'est justement pour cela que les Sakais privilégient le *legop* et en font le centre de leur activité chimique primitive. études parce qu'il leur fournit le poison le plus puissant et le plus mortel.

Ce parasite, dès qu'il est assez long, s'accroche à l'un des superbes rois végétaux de la forêt, en s'enroulant autour de lui avec une emprise tenace.

Son tronc mesure de 2 à 4 pouces de diamètre et donne une vie vigoureuse à environ 5 000 pieds de sa progéniture.

Les feuilles *du legop* sont vertes, lisses et brillantes, de forme similaire à celles du citron, mais elles sont plus grandes. Ils sont recouverts longitudinalement de nervures proéminentes.

Le fruit porté par cette plante dangereuse a la taille et la forme d'une petite orange, légèrement déprimée au niveau de la tige et de la partie opposée. Il est très noir et difficile à briser, un marteau ou son substitut étant nécessaire pour découvrir son contenu qui consiste en un grand nombre de petites graines enfermées dans une pulpe maigre.

Tous les Sakais extraient et préparent le poison du *legop* mais il existe une tribu vivant dans les parties les plus reculées de la forêt, coupée de tout contact avec les êtres civilisés, et par conséquent de purs barbares, réputés pour leur habileté à préparer le poison. même, et dont les produits sont considérés comme bien supérieurs en résistance.

Extraire le poison de l'arbre "Upas".

C'est à la tribu Mai Bretak à laquelle ont recours tous les autres Sakais, emportant avec eux un large tribut des biens usuels en échange. Cette spécialité mélangée à *l'ipok* est l'Essence de Mort en gouttes. La moindre particule qui pénètre dans le sang signifie l'extinction imminente de la vie. La sentence est irrévocable car aucun recours n'est connu pour l'éviter. L'impossibilité totale de sauver une créature victime de ce terrible poison a donné naissance à une superstition parmi les Sakais selon laquelle un mauvais esprit plane au-dessus ou entre dans le mélange lors de sa préparation et pour cela ils ne se préparent pas. aux travaux sans prendre de nombreuses précautions.

L'Ipok est extrait et condensé (sous l'exorcisme d' *Alà*) en présence peut-être de tout le village mais aucune femme ni fille ne peut assister à la préparation du *legop* de peur que l'ennemi invisible ne leur fasse quelque mal. (L'esprit déteste évidemment les femmes !).

Celui qui la prépare ne peut manger ni poisson ni viande le jour fixé pour l'opération importante et, une fois qu'il l'a commencée, il doit rester à jeun jusqu'à ce qu'il l'ait terminée. Il est scrupuleusement attentif à ne pas s'exposer à la vapeur qui s'échappe du liquide bouillonnant et doit souvent (ici la superstition vient au secours de la propreté et de l'hygiène) se laver le visage et les mains. Mais même toute cette prudence ne suffit pas et il est considéré comme malade pendant quelques jours.

Le pot en terre cuite ou en bambou utilisé à cet effet doit être neuf, rien ne doit y avoir été cuit auparavant, ni rien après. Dès que le *legop* a été versé, il est jeté car contaminé.

La parfaite nouveauté de ces vaisseaux sert à augmenter la puissance du poison.

Quelques jours avant que le Sakai veuille préparer le mélange mortel, il part à la recherche de la plante grimpante dont, après l'avoir trouvée, il découvre ses racines et pour s'assurer qu'il ne s'est pas trompé, il essaie si elle a le goût amer naturel à il. Sûr de ce point, il en déterre une belle quantité et remplit ensuite son dosseur de deux sortes de plantes bulbeuses qui sécrètent une substance glutineuse mais dont je n'ai jamais connu le nom et la qualité. Ceci fait, il se promène dans la forêt jusqu'à ce qu'il soit capable de trouver deux espèces de guêpes ou d'abeilles (quelles qu'elles soient) ; l'un est très gros et noir, dont la piqûre provoque une forte fièvre, et qui a généralement son nid à terre ; l'autre est petite et rouge, pique comme une ortie et fait son nid sous les feuilles d'un arbre.

S'il a en réserve quelques dents du serpent *sendok* , ou de tout autre serpent également venimeux, il retourne maintenant au village, sinon il en cherche une, le tue et s'empare de ses crocs.

Ayant ainsi tous les ingrédients nécessaires, le Sakai commence à piler les racines pour en faire une pâte. Il met ensuite cette masse dans un tube bouché par des feuilles qui laisse passer un liquide mais pas une substance. En gardant ce filtre primitif suspendu au-dessus du récipient destiné à l'ébullition, il y verse lentement un peu d'eau qui, en imbibant la pâte, prend une couleur brune avant d'atteindre le récipient situé en dessous.

Après avoir terminé le processus de filtration, il prend les deux plantes bulbeuses et les pressant dans sa main, il répand autant de leur jus qu'il le juge bon, dans le même récipient. Les dents du serpent et les abeilles sont ensuite pilées, elles aussi, et jetées avec tout le reste qui est aussitôt mis sur un feu lent. Lorsque le mélange commence à bouillir, le Sakai écume les impuretés flottant à la surface et ajoute un peu plus *de legop* s'il lui semble nécessaire, en prenant bien soin, quant à lui, de ne pas respirer ni de se laisser envelopper par les vapeurs qui s'élèvent de la marmite.

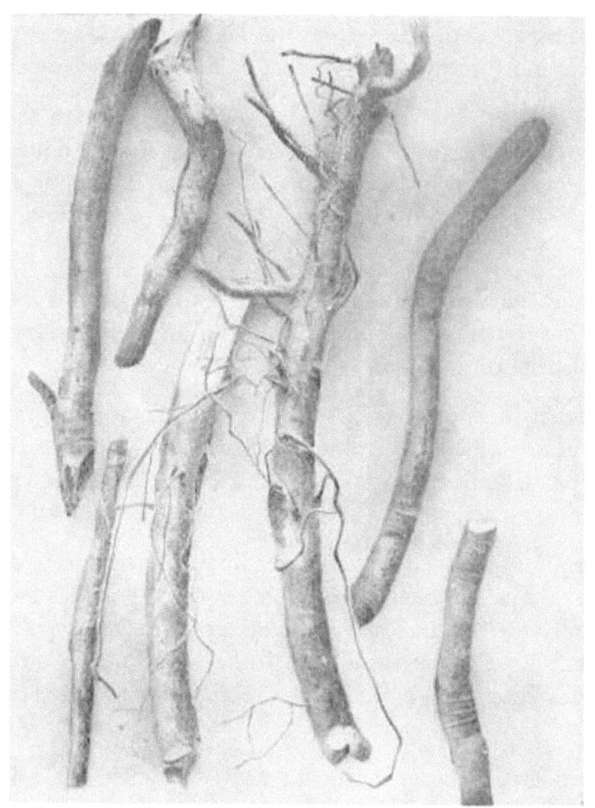

Racine de la plante grimpante venimeuse "Legop".

Le poison est retiré du feu dès qu'il a la consistance d'un sirop et est de couleur rouge foncé, on y plonge les dards et on teste sa virulence sans perte de temps. Si la preuve est satisfaisante, le liquide épais est versé dans des récipients en bambou recouverts de feuilles et un morceau de peau de cerf attaché dessus avec une bande de *scudiscio* et enfin les vases sont placés dans le coin le plus sec de la cabane, d'où de temps en temps, on les porte près du feu pour éviter que leur contenu ne perde de sa force à cause de l'humidité.

Or la question est la suivante : les ingrédients que le Bretak Sakai croit indispensables dans cette concoction augmentent-ils la virulence du *legop* ?

J'incline à en douter beaucoup, car je ne pense pas que ces deux plantes contenant le suc gluant soient vénéneuses, ou du moins très peu, mais qu'elles sont ajoutées simplement pour donner de la densité au mélange ou bien par une fausse supposition de les indigènes.

Et encore moins les dents de serpent ou les guêpes écrasées peuvent-elles avoir une quelconque influence pour accroître la puissance de ce poison, qui est en soi intense.

Evidemment les Sakais, bien conscients de l'effet mortel d'une morsure de serpent, pensent qu'en introduisant dans la plaie, au moyen de leur dard, une infime partie de l'organe qui détermine cet effet, on obtiendra un résultat égal.

Il ne sait ni n'imagine que la dent exerce une simple action mécanique à la suite de laquelle le petit réservoir de poison, comprimé, laisse tomber une goutte dans la plaie produite par la morsure.

Mais il n'y a rien de surprenant à cela, car l'histoire nous apprend que les superstitions et les sorcelleries pratiquées par des races plus avancées que les Sakais offrent les documents les plus curieux pour prouver des raisonnements aussi étranges.

Il suffit de rappeler qu'au temps d'Auguste il fallait la mâchoire d'une chienne gardée à jeun et une plume arrachée à un petit-duc pour les enchantements de Canidia, *ossa ab ore rapta jejunae canis, plumanque. strigis nocturne* . Et pourtant, c'est justement à cette époque que Rome avait hérité de la Grèce la philosophie des épicuriens et celle des sceptiques et mûrissait le poème de Lucrèce Carus !

Et tout récemment, le curé Evans, du Pays de Galles, n'a-t-il pas raconté comment il avait été maltraité par un esprit parce qu'il avait oublié une fumigation lors d'un de ses enchantements ?

S'il y a eu tant d'impostures ou d'hallucinations chez les peuples avancés (ou supposés être tels), on ne peut pas reprocher au pauvre Sakai son ignorance si, en toute bonne foi, il pense qu'une pincée d'abeilles pilées et de dents de serpent augmente la virulence du monde. poison *legop* . Ne croit-il pas aussi que les paroles mystérieuses murmurées par l' *Alà* donnent plus de force à ses préparatifs meurtriers ?

Quant aux effets du *Legop,* des versions étranges et contradictoires sont données.

Les uns affirment que la plus petite quantité possible mise en contact avec le sang provoque la mort instantanée ; d'autres déclarent qu'il n'est pas assez puissant pour tuer un homme ou une bête si la quantité inoculée n'est pas proportionnelle à la taille ou s'ils sont assez forts pour y résister .

À mon avis, ces deux affirmations sont exagérées.

Un jour, j'ai demandé à un Sakai s'il pensait qu'il était possible de tuer un homme avec *du Legop* .

Il répondit que presque tous les jours des animaux doubles de la masse et de la force d'un homme étaient tués dans la forêt, et que le poison fourni par cette plante grimpante remplissait rapidement sa mission. Pour preuve, il raconta qu'un jour il se tenait près d'un Javanais coupable d'avoir violé une femme. Cet homme a été touché par une fléchette empoisonnée et est décédé presque immédiatement.

Sans avoir l'air de douter le moins du monde, je le priai de me montrer l'endroit exact où le dard était entré dans le pauvre garçon et où il en ressortait, et d'après ses indications je pus me convaincre que le dard ayant pénétré sous l'omoplate avait traversait le cœur de part en part et avait été arrêté dans son trajet par les muscles du thorax.

Il était donc clair pour moi que la mort était due au passage du dard à travers le corps de la victime et n'avait rien à voir avec le poison dans lequel le missile avait été préalablement trempé. À ma connaissance, aucune étude reconnue n'a jamais été réalisée pour déterminer la véritable force du *legop* , on est donc libre de la calculer à son maximum ou à son minimum, surtout si l'on considère sa susceptibilité aux changements atmosphériques.

Lorsque le temps est sec, il transporte la mort sur l'aile de la flèche, mais si elle est mouillée ou humide, le poison devient humide et reste à la surface de la plaie (où il peut être facilement effacé) au lieu de pénétrer avec la fléchette dans l'objet visé.

Et ce fut la désillusion de celui qui voulait essayer ses effets sur un chien. La pauvre bête hurlait de douleur mais ne présentait aucun symptôme d'empoisonnement.

Seule la science peut se prononcer avec précision sur les qualités toxiques du *legop* et je suis toujours prêt à l'aider de ma modeste expérience.

Désireux de lever tous les doutes et aussi de trouver un antidote à ce poison, j'ai sacrifié de nombreuses créatures innocentes, mais je ne raconterai la fin pitoyable que de deux d'entre elles.

J'ai choisi un beau poulet plein de vigueur saine et, prenant une de ces flèches empoisonnées, je lui ai fait une blessure d'au plus un demi-pouce de long sur la partie supérieure de sa patte.

Pendant une minute après, il se déplaça lentement sans même s'apercevoir de la blessure, puis il s'arrêta comme envahi par un étrange sentiment de stupeur, mais se mit bientôt à picorer le sol.

Deux minutes et demie plus tard, il ouvrait et fermait son bec et laissait sa queue et ses ailes retomber mollement sur le sol. Encore une demi-minute et, les jambes repliées, comme s'il était assis, il chercha à relever et à secouer sa tête baissée. Pendant un instant, cela réussit, mais le pauvre membre remuait sans énergie (comme cela nous arrive quand, en voyage, nous nous endormons et n'avons aucun endroit où nous reposer), tandis que ses yeux tantôt fermés, tantôt grands ouverts, portaient une expression d'inconscience.

Vers la quatrième minute, l'animal fut pris de violentes convulsions, et à la cinquième il était tout à fait mort.

J'ai fait le même essai sur un chien de taille moyenne, en le blessant également à une patte pour ne pas toucher une partie vitale.

Au début, il semblait tout à fait insensible à ce que j'avais fait, mais au bout de trois ou quatre minutes, il devint très inquiet et renifla le sol et tout ce qui se passait autour comme pour savoir ce qui se passait, tournant de temps en temps la tête. vers sa cuisse qu'il sentait évidemment être le siège de son inquiétude. Il fit un sursaut, un frisson prolongé puis se coucha.

Une fois, il aboya faiblement, mais lors d'une deuxième tentative, il échoua complètement. Le cri n'était pas un cri de douleur mais semblait être un son émis sous l'impulsion d'une profonde perplexité.

Branche et fruit de la plante grimpante venimeuse "Legop".

Sa tête reposa un moment sur ses pattes antérieures, mais fut bientôt relevée lorsque l'animal se retourna sur un côté de son corps qui avait l'air paralysé. Ses yeux devinrent fixes, sans expression. Le corps frissonnait et faisait de petits sursauts mais la tête restait immobile, posée lourdement sur le sol, et les yeux dans leur regard vitreux révélaient l'absence de toute perception des sens plutôt que la douleur ou l'angoisse mortelle.

À ce stade, j'ai tourné mon attention vers son cœur qui battait rapidement et violemment. Cela s'est arrêté un instant, puis a continué mais très, très faiblement tandis que tout le corps commençait à prendre une forme rigide.

Un quart d'heure après l'inoculation du *legop* , le chien était mort.

Si je ne me trompe, le premier effet, et presque immédiat, de ce poison se fait sentir sur les centres nerveux. Certes, le sang reste inchangé, ou du moins aucun changement n'est visible et la chair des animaux tués au *legop* ne perd rien de sa saveur et il n'y a aucun danger à la manger.

Mais je n'ose parler avec aucune précision de la nature de certains produits venimeux car là où commence le vaste champ de la recherche scientifique, le travail sans prétention du colon, qui collecte, référence et décrit, finit, laissant à l'étudiant en chimie et au physiologiste le soin de tâche de tirer des informations fournies les résultats qui peuvent être pour le bien de l'humanité en général.

La flore vénéneuse de la forêt ne se limite pas aux arbres et aux plantes grimpantes ; elle s'étend également à d'innombrables herbes, à une variété infinie de champignons, de baies, de fleurs et de fruits alléchants.

Le royaume du poison est connu mais très peu de choses. Elle réserve encore les plus belles surprises au scientifique qui souhaite l'explorer. Et parce que la nature prévoyante, dans chaque manifestation de sa fécondité, a l'habitude de mettre en contraste différentes qualités, je pense que parmi une végétation si abondante de plantes dangereuses, il peut y en avoir une autre, peut-être moins abondante, mais qui servirait à s'opposer aux effets mortels de la première. .

Le Sakai ne connaît d'antidote que ceux que j'ai cités : le *lemmah kapiting* et celui préparé empiriquement avec de la chaux vive et de l'urine. Cependant, aucun d'eux ne peut être considéré comme un article authentique ; la science aurait donc tout à découvrir dans ce domaine.

La grande Sorcière, la grande et incomparable Forêt Malaise, offre au monde de merveilleux trésors dont certains donnent des charmes à la Vie et d'autres cachent les pièges de la Mort.

Il appartient à l' *homo sapiens* de distinguer ceci de cela et de se rendre maître de leurs secrets comme il l'a fait de l'électricité, en faisant ainsi le moyen d'éclairage, de force motrice et d'allégement de nombreuses souffrances physiques.

Cette forêt, qui eût répondu à toutes les exigences criminelles des Borgia en matière de poisons, est encore un terrain vague, malgré ses richesses extraordinaires.

Laissons la science nous parler des immenses trésors qui y ont été produits pour le bien de l'humanité.

Préparation des poisons "Legop".

Notes de bas de page :

[19] Le *i* est presque un *e* et le *a* dans tous ces mots se prononce comme *ha* . *Note du traducteur.*

[20] Les professeurs A. Benedicenti et GB De Toni, de l'Université Camerino, ont publié le résultat de leurs études sur les racines et un peu de jus extrait du *broial* que je leur ai envoyé à cet effet en 1902. Je pense cependant : que les conclusions de ces deux scientifiques auraient été en faveur d'un effet plus important et plus rapide de ce poison si, malgré tous mes soins, les échantillons n'avaient pas souffert du changement climatique et, très probablement, avaient été exposés à l'humidité.

CHAPITRE XVI.

Géographie passée et future — Montagnes et plateaux — Tentative de recensement — Température — Maladies et remèdes — AL À un charlatan.

Il y a trente ans, même dans nos meilleures géographies, la péninsule malaise était très peu mentionnée.

On a parlé de ses côtes et d'un maigre produit d'étain, d'antimoine et de charbon, mais il n'y a pas eu un seul mot sur la vaste étendue de terre éloignée des côtes, en partie inexplorée et en partie habitée par des sauvages, sinon qu'une chaîne de montagnes s'étendait toute la longueur, commençant à Kedak et Kelantan et se terminant à l'extrémité de la péninsule, la divisant ainsi presque en deux.

Mais un géographe de nos jours aurait à écrire bien davantage, car l'intérieur de ce pays n'est plus un mystère profond et inviolé, et son aspect s'est révélé bien différent de ce à quoi des études, faites à distance prudente, nous avaient conduits à découvrir. imaginer.

Les hautes montagnes (le Berumbun atteint 2 500 mètres d'altitude) offrent au regard des paysages qui satisferaient un artiste. Certains sommets sont recouverts d'une végétation riche et sauvage, d'autres sont accidentés ou présentent des sommets acérés d'où des torrents d'écume blanche étincelante se précipitent dans les étroites crevasses sombres avec une fureur rugissante.

De ces massifs superbes s'étendent une série de plateaux comme autant de terrasses qui, plus ils descendent, plus ils déploient la fécondité des sols, irrigués par des rivières et des ruisseaux lisses.

Là où cesse la fertilité des montagnes, l'une à l'est et l'autre à l'ouest, s'étendent les plaines de Pahang et de Perak dont les mains industrieuses guidées par des idées civilisées poursuivent une œuvre de rédemption de l'abandon et de la malaria par l'extension des cultures et des mesures sanitaires. des principes.

La forêt, territoire des Sakais, couvre la partie centrale de la péninsule. A la périphérie vivent ceux qui sont moins sauvages en raison de leurs contacts et de leurs relations avec les Malais, les Siamois, les Chinois et les Indiens, qui les entourent. Les autres se rapprochent toujours plus des montagnes, au même rythme que la civilisation s'en approche, fixant leur demeure à une altitude ne dépassant pas 1,500 à 2,000 pieds. J'en ai trouvé, mais un cas très rare, à une hauteur de 4000 pieds.

Il est vrai que là-haut, il n'y a pas tellement de dangers à rencontrer, car les bêtes sauvages (à l'exception d'un ours occasionnel) et les serpents ne fréquentent pas les hauteurs mais le froid est trop intense pour être bien supporté par des individus qui ne portent pas de vêtements et qui ne construisent pas de maisons pour se protéger des intempéries.

Empoisonner les flèches.

L'étendue de terre habitée par les Sakais est, approximativement, comprise entre 3° 50' et 5° 50' de latitude nord et 101° et 102° de longitude est (Greenwich). Mais pour une telle extension ils sont très peu nombreux car en 1903, passant d'un village à l'autre en 25 jours, je ne pouvais compter que plus de 6800 personnes campant autour des durians à la saison de la cueillette.

En comptant les femmes laissées sur place à cause d'un récent accouchement, les personnes âgées et infirmes et les petits enfants, je ne pense pas qu'au total ils puissent être bien plus de 10 000 âmes. C'est bien le cas de dire : « *rari nantes en gurgite Vasto !* ».

Il serait impossible de faire un véritable recensement des Sakais en raison de leur méfiance à l'égard de tout ce qu'ils ne comprennent pas et de la difficulté que présente leur vie nomade.

Le climat où ils vivent, bien qu'humide, est bon, car le feuillage épais de la forêt et les brises qui viennent souvent des montagnes atténuent la chaleur des rayons du soleil.

Il n'y a pas d'alternance de saisons comme dans les zones tempérées mais seulement la distinction entre saisons sèches et pluvieuses, les premières étant déterminées par la mousson soufflant de l'est, et les secondes par celle venant de l'ouest.

Il n'est pas rare que la chaleur à midi dépasse les 40°C, mais à la température torride du jour succède une nuit froide et plus le jour est chaud, plus la nuit est froide. A partir de 40°, on descend facilement en dessous de 20°. Les Sakais qui ne possèdent ni vêtements, ni tapis et dont les huttes sont très ouvertes et aérées, dorment tous blottis les uns contre les autres (pour se réchauffer) autour d'un grand feu mais ils souffrent fréquemment de ces variations de température.

Comme je l'ai déjà mentionné, les rhumes sévères sont très répandus chez les Sakais contre lesquels ils n'ont aucun remède efficace, de sorte qu'il arrive souvent qu'une simple attaque de grippe se transforme en une grave affection bronchique ou pulmonaire et aboutisse finalement à une phtisie.

Ni le *tenak* ni *le cintok* ne sont alors d'aucune utilité ; le mauvais esprit ne lâche jamais sa proie.

Les cas de fièvre sont très rares et ces rares cas doivent être attribués au vent qui monte de la plaine apportant avec lui des germes d'infection. Il est extrêmement rare qu'une femme meure en couches, mais un grand nombre d'entre elles succombent à la carie sénile vers l'âge de 60 ans.

Les hommes et les femmes sont très sujets à une maladie cutanée qui couvre le corps de larges taches d'une couleur plus claire que leur peau, donnant un aspect répugnant au pauvre malheureux ainsi affligé. Mais ce n'est ni une maladie grave ni contagieuse, et elle n'excite pas non plus parmi les habitants de la jungle la répugnance qu'elle susciterait chez nous, car cette décoloration ne les empêche pas de se marier et d'avoir des enfants aussi sains que les autres peuples .

Parfois, l'un d'eux est frappé par une maladie infectieuse pour laquelle il ne connaît aucun remède. Le malade est aussitôt isolé de tous les autres et presque entièrement abandonné afin d'empêcher toute propagation de la maladie.

Je n'ai jamais remarqué aucune maladie qui puisse être considérée comme particulière aux gens eux-mêmes ou à la région qu'ils habitent, mais j'ai pu établir le fait (à partir d'une étude spéciale que j'ai faite sur les causes de décès chez les Sakais) que le les victimes de bêtes sauvages et de serpents se situent dans une moyenne très basse.

C'est une chose tout à fait extraordinaire que quelqu'un perde ainsi la vie si, par quelque imprudence, il ne s'est pas attiré la mort.

Je me souviens seulement, peut-être parce que cela s'est passé il n'y a pas longtemps, qu'un soir, à la tombée de la nuit, une jeune femme s'éloignait imprudemment de sa hutte et fut attaquée par une panthère qui lui enfonça les dents dans la mâchoire inférieure. En l'entendant crier, le mari s'est précipité dehors juste à temps pour tuer l'animal et sauver la vie de sa pauvre épouse, mais celle-ci, bien sûr, est restée déformée.

La pharmacopée de ces forestiers, affranchis de toute superstition, est d'une simplicité vraiment primitive et ne contient que des remèdes végétaux. Une décoction de racine de *tenak celes* est un excellent purgatif. Un cataplasme composé de ses feuilles pilées avec du citron vert et *du sirih* et appliqué sur le front est destiné à soigner les maux de tête.

Le *sla delok* (une feuille amère) remplace nos poudres de vers pour enfants.

Une autre feuille (le *slà poó*) est utilisée pour soigner la dysenterie.

Ils disposent également de plusieurs autres médicaments (dont les vertus sont gardées secrètes par les *Alà*) pour les maux d'estomac ou qui peuvent être utilisés à volonté sans connaissance précise de la maladie à traiter.

La gomme extraite du *singret* est utilisée pour soigner les dents cariées et est également frottée sur la joue lors d'une crise de dents pour la préserver de l'air, sans mettre de bandages.

Le Sakai fait un grand usage de poudre de charbon de bois dans ses préparations médicinales, pansant les plaies, les plaies et les morsures d'animaux. On pourrait supposer qu'il connaît ou devine les propriétés désinfectantes du charbon de bois. Il en fait également un moyen de défense contre les invasions de fourmis qui changent de direction lorsqu'elles trouvent la ligne noire qui leur barre la route.

L'eau dans laquelle on a longtemps infusé un morceau de charbon de bois amer est, selon eux, un remède de premier ordre contre la débilité de l'organisme et la toux.

L'*Alà*, agissant sagement pour son propre bien, se réserve la prérogative de mélanger certaines spécialités pharmaceutiques qui aident le patient à guérir si l'indisposition n'est que passagère, mais contribuent à le tuer si son état de santé est grave.

Il garde toujours de côté quelques emplâtres préparés à partir d'herbes, soit à caractère apaisant, soit irritant, en cas de fractures, d'entorses ou de luxations causées par des chutes accidentelles.

Mais cela ne vaut guère la peine de discuter des mérites de ces cataplasmes, car le Sakai, qui est le premier intéressé par la question, reconnaît et admet leurs vertus curatives.

Tout le monde se ressemble, et le très respecté *Alà* de la forêt n'est rien de moins qu'un collègue non civilisé de ces charlatans, inventeurs de miracles, qui, par la vente de poudres, de lotions, d'eaux médicinales et de pommades, font fortune au milieu des peuples civilisés. société, trompant souvent la science et le bon sens au moyen de publicités bien placées.

L'un est un charlatan instruit et l'autre un charlatan sans instruction.

Mes notes se terminent ici. Ils manquent d'ordre et d'art, mais non de vérité, car j'ai avant tout dédié cet écrit à la vérité, poussé par des sentiments de gratitude et de bonne volonté envers mes bons amis les sauvages. J'ai voulu illustrer les mœurs et le caractère d'un peuple très calomnié, parmi lequel j'ai trouvé une amitié forte et dévouée, exempte de toute teinte de jalousie ou d'intérêt personnel.

J'ai passé seize ans d'une vie tranquille et laborieuse parmi les Sakais et aujourd'hui encore j'éprouve le mal du pays en pensant à cette terre merveilleusement fertile et à ses bons et simples habitants.

Si mes paroles vous ont été claires, cher lecteur, vous avez dû remarquer que chez ces sauvages se cachent de véritables trésors de droiture, d'honnêteté et de bon sens. Et les premières graines de ces vertus n'ont été semées par personne car elles bourgeonnent et s'épanouissent dans leur âme aussi spontanément que du sein de la grande Mère Nature la merveilleuse multitude de flore s'élève vers le soleil, cherchant la lumière et la chaleur.

Il n'en est pas ainsi parmi nous. La civilisation enseigne la vertu : les sermons la prêchent ; les moralistes le condensent en préceptes et en aphorismes ; les historiens l'honorent chez les anciens pour l'inspirer chez les modernes ; les lois et les menaces de l'Enfer veulent l'imposer. Et pourtant, malgré tout cela, elle ne peut pas bien s'épanouir, car elle est trop souvent entravée par la frénésie du « dépassement » et par les spasmes des passions qui, dans la superbe majesté de la forêt et sous son influence sublime, ne sont ni connues ni connues. compris. Ici, on travaille sereinement, sans craindre que d'autres vous volent votre profit.

Je mentionne le fait mais laisse les autres tirer la conclusion parce que si j'arrivais à ce qui semblerait le plus logique après la prémisse, je devrais être traité de pire sauvage que ceux que j'ai soumis à l'admiration du public et si j'arrivais à un autre, je devrait être accusé (et avec raison) de contradiction.

Je déclarerai plutôt que, malgré certaines preuves décourageantes, je garde fermement ma foi dans le progrès humain, croyant que la Science réussira un jour à atténuer la grande angoisse née de l'incessante et cruelle « lutte pour la vie ».

Ma principale raison d'illustrer les vertus et les défauts des Sakais peu connus est de les présenter de plus près à l'attention de l'Angleterre, qui, en les délivrant du mépris et de la supercherie habile des autres races, pourrait facilement les conduire à la civilisation et à la civilisation. ils forment en même temps d'importants et lucratifs centres de production agricole à l'intérieur de la péninsule.

C'est sans la moindre idée de me vanter que j'affirme que je suis toujours resté seul et sans armes parmi les Sakais, dans mon travail de colon. De cette façon, il m'a été possible de surmonter l'hostilité et la méfiance, en gagnant la confiance et l'affection d'un des peuples les plus barbares. Et ce fait me procure la plus grande satisfaction, car il démontre d'une manière modeste, mais non moins éloquente, que les expéditions armées, aussi belles et imposantes en apparence (selon les goûts), n'ont pas la valeur pratique et durable des ouvertures pacifiques et amicales. Une civilisation qui prétend s'imposer par la violence, le massacre et le pillage ne fait que sème la haine. Les prétendus sauveurs deviennent des oppresseurs, et, ayant commencé par la force, ils sont contraints d'y recourir s'ils veulent conserver la domination qu'un ferment de haine, peu à peu, mine.

Il ne faut donc pas d'armes, pas de missions (tendant à substituer une terreur à une autre), mais seulement de la patience et du calme pour conquérir ces âmes simples et leur apprendre ensuite, par l'exemple, à se consacrer au travail. Il faut leur faire sentir que la civilisation est utile, inspiratrice du bien et non nuisible insidieuse.

Que peuvent penser les sauvages lorsqu'ils sont soumis aux déprédations et aux effusions de sang de la part de ceux qui, par ces mesures, sont venus vers eux pour proclamer les principes du respect de la propriété d'autrui et de l'inviolabilité de la vie humaine ?

C'est en effet un grand plaisir pour moi de constater qu'aujourd'hui les Sakais ne se méfient plus de la civilisation et que certains d'entre eux, surtout les plus jeunes, ne refusent pas ou ne reculent pas devant le travail comme ils le faisaient autrefois et n'opposent pas non plus une résistance aussi obstinée au travail. ces innovations que j'ai moi aussi contribué à introduire parmi eux.

Je laisse à mes lecteurs le soin de juger si je suis coupable de vanité en exprimant ainsi mon contentement.

Et maintenant j'ai fini.